Scrisori pentru studenții mei

Silvia Puiu

Published by Silvia Puiu, 2019.

While every precaution has been taken in the preparation of this book, the publisher assumes no responsibility for errors or omissions, or for damages resulting from the use of the information contained herein.

SCRISORI PENTRU STUDENȚII MEI

First edition. July 29, 2019.

ISBN: 979-8215387771

Written by Silvia Puiu.

Cuprins

Dedic această carte studenților mei din trecut, prezent și viitor

CINE SUNT EU?

Așa îmi încep seminariile în fiecare semestru. Îmi întreb noii studenți cine sunt, ce le place, ce visuri au, ce pasiuni au și, uneori, am surpriza să descopăr lucruri fascinante despre acești viitori economiști. La finalul exercițiului de cunoaștere, le ofer posibilitatea să mă întrebe și ei ceva. Unii o fac, alții nu. Întrebarea pe care mi-o adresează cel mai des este legată de câți ani predau sau câți ani am. Asta pentru că mulți îmi dau la vreo 24-25 de ani și se întreabă câtă experiență am.

Revenind la întrebarea cine sunt eu, pot spune că sunt Profa, așa cum îmi zic studentele mele dragi. Sunt lector doctor la Facultatea de Economie și Administrarea Afacerilor (FEAA), din cadrul Universității din Craiova, am un doctorat în management și un postdoctorat în managementul eticii în sistemul public. Sunt cadru didactic din 2008, deci am o experiență didactică de 11 ani.

Predau discipline variate, de la marketing public, marketing politic, managementul eticii, la scriere creativă în marketing sau management și marketing în limba engleză. Sunt formator, mă implic într-o mulțime de proiecte extracurriculare cu studenții mei, sunt pasionată de filme, citit, scris și blogging și îmi place să urmez cursuri online la universități străine. Mi-a plăcut enorm cursul de Public Speaking[1] de la University of Washington sau cursul despre fericire al profesorului de marketing Raj

---

1. https://www.coursera.org/learn/public-speaking

Raghunathan – A Life of Happiness and Fulfillment[2], ambele pe Coursera.

Sunt multe, ca în cazul fiecăruia dintre noi. Încerc în fiecare zi să mai descopăr o nouă fațetă a personalității mele sau să dezvolt una latentă. În această carte, vă invit să îmi fiți alături în această călătorie epistolară adresată, în primul rând, studenților mei, dar și oricăror studenți, indiferent de domeniu.

Sunt convinsă că sistemul de învățământ din România are, încă, multe probleme și nu voi face aici o dezbatere a cauzelor și soluțiilor la acestea. Această carte are ca scop dezvăluirea gândurilor intime și trăirilor unui profesor din România.

Mă bucur că în acești ani de experiență, am întâlnit și alți profesori care mi-au servit ca model în cariera didactică, ceea ce îmi dă speranțe că sistemul nu este condamnat să rămână blocat în imaginea negativă pe care media o arată mereu și societatea o crede.

Nu! Nu vreau să spun că nu există rău sau că știrile negative nu sunt reale, ci, că putem să promovăm și cadrele deosebite și studenții merituoși, măcar tot atât de des cât pe cele negative. Citeam într-o carte despre motivul pentru care oamenii răspândesc aspectele negative mai des decât cele pozitive, iar explicația era una biologică, legată de supraviețuirea speciei. Avem nevoie să creăm un sistem de protecție împotriva negativului, pericolelor și suntem mai receptivi la știrile negative

---

2. https://www.coursera.org/learn/happiness

Fiecare capitol din această carte este o scrisoare adresată studenților, în care prezint lecțiile pe care eu le-am învățat de la ei și împreună cu ei.

REFERINȚE

1. McGarrity, M., *Introduction to Public Speaking*, University of Washington, www.coursera.org/learn/public-speaking[3]

2. Raghunathan, R., *A Life of Happiness and Fulfillment*, www.coursera.org/learn/happiness

---

3. http://www.coursera.org/learn/public-speaking

ÎNCEPUTURI

Dacă pentru alți oameni, anul începe pe 1 ianuarie și se termină pe 31 decembrie, pentru mine, anul începe pe 1 octombrie și se termina pe 30 septembrie.

Fiind vorba de începuturi, o să vă povestesc cum am ajuns cadru didactic la Universitatea din Craiova. Când eram mică, eram întrebată ce vreau să mă fac și spuneam *profesoară*. Răspunsul o fi fost o premoniție a unui viitor nescris sau poate doar o apropiere de sora mamei mele, care era profesoară de limba română.

Am crescut, anii au trecut și am urmat aceeași facultate ca părinții mei – FEAA Craiova, specializarea Relații Economice Internaționale, visând să lucrez într-o multinațională. Am luat bursă, am terminat cu media 10; nu erau șefi de promoție atunci sau nu erau evidențiați ca acum. Uneori, mă minunez cât de multe oportunități sunt acum și mă bucur că mergem în direcția cea bună, chiar dacă unii nu văd asta sau nu înțeleg. Însă e normal să fie așa, altfel, o mulțumire de sine ar duce la stagnare.

Studenții mă întreabă adesea cum eram eu în studenție. Eram timidă, foarte timidă și îmi petreceam timpul la școală, în prima bancă, apoi luam autobuzul și mergeam în apartamentul închiriat de părinții mei în Craiovița. Cred că am schimbat vreo patru apartamente în anii de studenție. Pentru mine, ar fi fost un chin să stau în cămin, pentru că obișnuiam să învăț cu voce tare, eram o fire liniștită și nu aș fi suportat să împart camera cu cineva. Sunt recunoscătoare părinților mei pentru efortul făcut și vă îndemn și pe voi, dragi studenți, să nu uitați să vă exprimați recunoștința față de dumnealor, indiferent de posibilitățile financiare. Eu provin dintr-o familie relativ modestă, unde banii trebuiau cheltuiți cu chibzuință, pentru că sunt o resursă limitată. Ambii mei părinți sunt absolvenți ai FEAA Craiova, așa că spiritul lor econom mi s-a transmis și mie, deși încerc să mai corectez acest aspect.

Am fost un student silitor la cursuri și seminarii, am luat bursă, dar nu m-am remarcat prin alte activități extracurriculare, din simplul motiv că, pe atunci, nu dispuneam de atâtea oportunități și nici de o comunicare atât de apropiată cu cadrele didactice. Facebook-ul își are un rol important în procesul educațional, iar pe mine, în calitatea mea de cadru didactic acum, mă ajută foarte mult în crearea unei legături mai strânse cu studenții mei. Cred cu tărie că o eliminare a barierelor student - cadru didactic ajută foarte mult la creșterea încrederii acestora în forțele lor și, implicit, la obținerea unor rezultate mult mai bune, atât la facultate, cât și în activități extracurriculare.

La absolvirea facultății, eram terifiată la gândul că nu voi găsi un loc de muncă. Am început să trimit CV-uri din luna iunie, desi aveam licența în iulie. Simțeam că ar fi un dezastru să nu găsesc un loc de muncă. Privind cu maturitatea de acum, nu înțeleg această teamă, deoarece părinții mi-ar fi fost mereu alături și nu au făcut presiuni în vreun fel. Însă am fost mereu un spirit mai independent, iar în perioada studiilor, am încercat să mă descurc cu bursa și să nu cer foarte mult părinților. Am fost la unele interviuri, unele foarte departe de centru, într-un loc în care cu greu aș fi putut ajunge fără taxi, eu neavând permis de conducere.

Studenții de astăzi au norocul să trăiască în niște timpuri în care există social media, telefoane mobile, acces la informații prin disponibilitatea internetului în aproape toate casele și pe toate device-urile. În același timp, mulți profesori, cei mai tineri, dar nu numai, sunt deschiși spre acest mod de comunicare cu studenții. Ceea ce vreau să spun este că e extraordinar câte lucruri frumoase s-au întâmplat în ultimii ani.

Poate dacă aveam acces la aceste bunătățuri digitale în anii de facultate, aș fi putut purta discuții mai profunde cu o parte dintre profesorii de care m-am simțit apropiată și să nu cad într-o groapă a melancoliei pe parcursul căutării unui loc de muncă. Din luna iunie pînă în luna decembrie, am trăit șase luni în care simțeam că sunt ultimul student care nu are un loc de muncă. Terminasem cu 10, dar asta nu mă ajuta deloc, ba era chiar un handicap la interviu. Vă spun cum mă simțeam atunci. Acum, ca profesor, știu ce i-aș spune studentului de atunci: *Dacă ai părinți care te susțin, nu te grăbi! Gândește-te ce iți dorești, așteaptă și șansa ta va apărea!*

Fiind timidă, nu prea mă deschideam în fața nimănui. Știam că trebuie să îmi plătesc singură chiria, simțind rușine să le cer părinților mei bani, deși nu îmi ziseseră nimic și mă susțineau foarte mult. După șase luni de căutări și interviuri la companii, care nu mi se potriveau, după un prim test online dat la Procter & Gamble și finalizat cu o invitație la un interviu în București (pe care l-am refuzat), m-am angajat, prin concurs, la Universitatea din Craiova, pe un post de administrator patrimoniu. Prima zi de lucru a fost o zi liberă, fiind 1 decembrie. Am lucrat trei luni în departamentul de Achiziții Publice, unde mi-a plăcut foarte mult, atât ceea ce făceam, cât și colegii, șefa mea și atmosfera, în general. Desigur, erau 8 ore zilnic de stat la birou, iar la finalul zilei mergeam la masterul International Business Administration și ajungeam acasă epuizată. Îmi aduc aminte că salariul era suficient doar cât să îmi plătesc chiria într-o garsonieră din centru (500 lei).

Vreau să le atrag atenția studenților asupra evoluției în spațiul digital, care oferă numeroase beneficii și în spațiul educațional. Este suficient să te împrietenești cu câțiva dintre mentorii tăi de la facultate și să le împărtășești grijile tale, iar ei îți vor sări în ajutor. Nu sunt naivă să cred că toți profesorii sunt atât de apropiați cu studenții, dar, din ce în ce mai mulți (în special cei din generația Y și generația Z) se apropie de studenți și îi ajută să își atingă potențialul. Cel puțin, îmi place să cred asta și cred că ar trebui să promovăm mai mult cadrele didactice onorabile decât pe cele care nu fac onoare mediului academic. Altfel, cădem în capcana de a crede că nu se întâmplă nimic pozitiv în România, în materie de educație.

După trei luni minunate la departamentul de Achiziții Publice, unde am învățat chestii diferite de ceea ce făcusem eu în facultate, am avut oportunitatea să aflu de scoaterea la concurs a unui post de preparator universitar la FEAA Craiova, la Catedra de Management-Marketing. M-am pregătit intens pentru concurs și am susținut examen scris, interviu și o probă la clasă cu studenții pentru disciplinele de Economia întreprinderii și Marketing.

În fața unui nou început, acela al unui loc de muncă în sistemul de învățământ superior, m-am simțit copleșită. Da, poate vă vine greu să credeți, dar aveam multe ore de seminar, m-am înscris și la doctorat și eram și la master. În plus, acomodarea rapidă de la primul loc de muncă (departamentul Achiziții Publice de la Universitatea din Craiova) nu s-a mai repetat și aici.

Retrospectiv, pot spune că au trecut aproximativ doi ani până m-am acomodat la noul loc de muncă și nu vorbesc de o acomodare cu programul sau în activitatea cu studenții, ci despre o stare emoțională. Ca să înțelegeți mai bine sentimentul, pot spune că mă simțeam încă un student și prea puțin un profesor, de unde și starea de confuzie.

Fiind doar câțiva ani diferență între mine și studenții mei, am încercat să îmi fac un stil, care să placă, dar care să îmi creeze și imaginea unui cadru didactic serios. Este dificil să ai 23 de ani și să te aștepți ca studenți de 19-20 de ani să te ia în serios. Așa că am încercat să dau libertate studenților mei (să intre când vor la curs sau să nu scrie la seminarii dacă nu doresc), punând accent pe singura mea regulă în relația cu ei: respectul reciproc. Se pare că a funcționat, deoarece nu am avut niciodată un incident neplăcut. Îmi amintesc că, în primii ani, aveam un student, care nu voia să își noteze aplicațiile. Probabil voia să mă provoace, să îmi vadă reacția, dar tot ce a primit a fost un zâmbet și o înțelegere cu mine: acceptam să nu scrie, dacă avea o memorie atât de bună și dorea să rezolve problema la tablă. I-a plăcut provocarea, pentru că a devenit interesat, a participat la fiecare seminar și a manifestat un interes pentru disciplina respectivă.

Cam așa a început totul, în calitatea mea de studentă, absolventă, doctorandă, doctor, cadru didactic. Perioada studiilor o pot descrie ca una stabilă, cea de cercetare în timpul doctoratului ca una foarte stresantă sub aspectul unor probleme de comunicare, iar cea de cadru didactic o perioadă a unei căutări şi regăsiri constante a sinelui meu. Această etapă este una dintre cele mai intense, frumoase, provocatoare şi entuziaste perioade din viaţa mea şi sunt recunoscătoare că meseria m-a ales. Spun m-a ales, pentru că nu am ţintit-o, dar a venit în întâmpinarea mea, iar eu am primit-o cu braţele deschise.

Când suntem mici sau chiar şi mai târziu, în adolescenţă, nu ne putem imagina exact cum va fi viitorul nostru, avem visuri pe care le pierdem, visuri pe care nici nu le-am avut, dar s-au îndeplinit. Important e să fim deschişi, să nu opunem rezistenţă surprizelor vieţii şi să îmbrăţişăm schimbările şi provocările presărate la tot pasul.

ANUL ÎNCEPE LA 1 OCTOMBRIE

Spuneam în capitolul anterior că, pentru mine, anul începe la 1 octombrie. Nu pentru că aceasta este meseria mea, ci, pentru că activitatea mea cu studenții este ceva fără de care nu aș putea trăi. Dacă nu sunt în mijlocul lor, fizic sau online, simt că îmi lipsește ceva. Sună ca un clișeu, dar este adevărat.

Am un entuziasm mai mare decât atunci când eram studentă. Probabil, în anii de studenție, percepeam noutatea altfel. Eram curioasă în privința noilor profesori, dar mă încerca și teama că nu vom fi pe aceeași lungime de undă. Acum, ca profesor, știu sigur că va fi bine. În ultimii unsprezece ani de activitate, nu am întâlnit student cu care să nu mă înțeleg. Exigența de astăzi a studentului față de profesorii săi este mai mare, dar acest lucru aduce progres.

Este foarte interesant de urmărit evoluția așteptărilor, dorințelor, visurilor unui student pe parcursul anilor de facultate. Am întâlnit studenți ale căror așteptări sunt întrecute de tot ceea ce au reușit să trăiască în anii de studiu, dar și studenți dezamăgiți. Desigur, există mulți factori de influență, multe variabile, dar experiența ultimilor 11 ani ai activității mele didactice îmi oferă posibilitatea să trag niște concluzii.

Studenții care aleg să se implice în activități extracurriculare au numai de câștigat, indiferent dacă obțin premii sau nu. Un student la început de drum trebuie să plece cu acest gând în minte, dacă vrea să fie un student excepțional: să participe la tot felul de activități, de la cercuri studențești, simpozioane, sesiuni de comunicări științifice, conferințe, până la concursuri și olimpiade, naționale sau internaționale.

Indiferent de momentul în care decizi să te implici, este cea mai bună decizie pe care o poți face pentru tine și viitorul tău, atât din punct de vedere personal, cât și profesional. Deși este de preferat să îți dai seama mai repede că a fi activ în timpul facultății îți poate aduce numeroase oportunități, niciodată nu este prea târziu. Spun asta deoarece am întâlnit studenți pe care i-am motivat să se implice extracurricular, inclusiv în anii terminali ai studiilor de licență. Primii doi ani sunt însă cei mai buni din punct de vedere al timpului pe care îl poți aloca unor proiecte extracurriculare, acesta reducându-se în anul al III-lea, când încep preocupările pentru realizarea lucrării de licență sau găsirea unui loc de muncă.

Înainte să vă prezint câteva răspunsuri la două întrebări adresate studenților mei, referitor la începerea anului universitar și la așteptările lor, voi descrie un pic din ce simțeam eu în primul an de facultate, la data de 1 octombrie, în urmă cu vreo 16 ani. Eu am făcut liceul în Filiași, Dolj, un orășel cu vreo 20.000 de locuitori și urma să vin la Craiova, un oraș cu aproximativ 300.000 de locuitori, deci de vreo 15 ori mai mare. Îmi aduc aminte că festivitatea de deschidere a anului universitar a avut loc la Casa Studenților (ceea ce realizez acum, pentru că atunci, habar nu aveam ce este acolo), într-o sală frumoasă, după care ne-am îndreptat spre clădirea impunătoare a universității, îndrumați de niște studenți mai mari. Mergeam toți, în grupuri, și încercam să legăm câteva fraze cu colegii din imediata apropiere. Am ajuns, ne-am plimbat de colo-colo și cam asta a fost tot (râd). Nu este ceva spectaculos ceea ce am simțit. Eram copleșită, confuză și dezorientată. Mi se părea totul prea mare, prea multă lume, prea multe săli, prea multe direcții, stânga-dreapta, dreapta-stânga ... Bănuiesc că nu am fost singurul student dezorientat, nici de atunci, nici de acum. Poate vă așteptați să vă povestesc cât de magic a fost pentru mine! În realitate, însă, majoritatea se simt dezorientați. Am văzut studenți în primul an, după câteva luni, care, încă, nu știu să se descurce cu găsirea sălii de curs.

Dacă nu ești și nu ai fost dezorientat, nu vei rezona cu ceea ce spun, dar, gândește-te la ceilalți și poate îi poți ajuta. Dacă ești sau ai fost confuz, e important să înțelegi că e normal. E în regulă să te simți bizar și în afara zonei de confort, deoarece totul se schimbă: colegi, profesori, stiluri de predare, săli, mod de a învăța. Acceptă asta și acționează! Cum? Socializând! Suntem ființe sociale și avem nevoie unii de alții. E important să nu te izolezi, să îți faci prieteni, dar să rămâi tu! Fii vorbăreț, adresează întrebări profesorilor atunci când nu înțelegi și profită de anii de facultate, fiind activ.

Acum, după atâția ani de predare, 1 octombrie este un nou început. Mă fascinează și entuziasmează ideea de a-mi întâlni noii studenți sau de a-i revedea pe cei din anii mai mari. Și, câteodată, am parte de surprize extraordinare. Uneori, am așteptări mari, visez la studenți activi, dornici de implicare în activități extracurriculare, de prezentări interactive și nu de referate banale, de o prezență voluntară, din pasiune. Îmi schimb tehnicile, metodele de predare, cu aceste speranțe. Nu vă imaginați că viața unui prof (voi folosi intenționat și repetat această prescurtare intrată în limbajul studențesc) este ușoară.

Dacă ești un profesor pasionat, ai mult de muncă, atât cu studenții activi, cât și cu cei pasivi, cărora încerci să le trezești pasiunea. Dar, poate cel mai mult, trebuie să muncești cu tine, ca profesor, să îți temperezi dezamăgirile când studenții nu vin la curs, nu participă la niciun fel de activități și se rezumă să vină la examen, dorind doar să promoveze.

Mă lupt, adesea, cu mine, pentru a trece peste aceste dezamăgiri și o iau de la capăt, în fiecare zi, pentru că, sunt și studenți foarte activi, dinamici, pasionați, entuziaști, care au nevoie de tine. Actul didactic de calitate este o îngemănare între student și profesor. Există profesori buni, există studenți buni, dar, când cei doi se întâlnesc, pot deveni excepționali.

Cred, cu tărie, în principiul *cu o floare, se face primăvară*. Nu, nu am greșit. Știu că zicala este: cu o floare, nu se face primăvară. Dar eu am o gândire tipică acelor filme SF în care planeta se duce de râpă, dar, apariția unui fir de iarbă înseamnă pentru toți salvarea, posibilitatea de recuperare a ceea ce s-a pierdut. Așa că, eu cred în fiecare floare pe care o văd în studenții mei și încerc să mă auto-motivez. Despre motivație, voi vorbi într-un capitol ulterior, detaliat, unde voi prezenta aspecte legate de motivația studenților și cea a profesorilor.

Vă spuneam că deschiderea anului universitar îmi aduce, uneori, și surprize. O să vă povestesc una, care îmi este foarte dragă și e în cutia cu amintiri minunate și oameni minunați. În luna iulie eram la înscrieri la master și m-am ocupat de înscrierea unei doamne trecute de 50 de ani, care mi-a fost dragă într-o clipită. Am schimbat câteva vorbe, am aflat, pe scurt, câte ceva din viața dânsei și am admirat dorința dumneai de a intra la master, la buget. Avea o licărire de bunătate în ochi.

Pe 1 octombrie, am fost la deschidere, fără să sper să văd vreun student cunoscut, deoarece, majoritatea erau în primul an. Am zărit o doamnă zâmbitoare, pe care, în prima secundă, nu am știut de unde să o iau. Cu cât se apropia și îmi zâmbea mai mult, am realizat că este doamna pe care o înscrisesem în urmă cu 2-3 luni la master. Era fericită și mi-a spus că este o mare bucurie să se afle în acea zi acolo. Am admirat-o pentru căldura pe care o degaja și pentru lumina din ochi. Se citea pe chipul dânsei că 1 octombrie era, cu adevărat, o zi importantă.

M-a însoțit în sala unde tutorii de an se adresau studenților din primul an și, am aflat că fusese prima la taxă, dar s-a retras cineva și a trecut la buget. Nu îmi venea să cred cum s-au aranjat lucrurile, mai ales că îl cunoșteam pe studentul respectiv (Ioan C.), pe care îl sfătuisem să nu renunțe la un loc la buget. Nu știam că doamna care va beneficia de acest loc va fi chiar doamna cu nume sugerând norocul.

Pentru mine, 1 octombrie are și o altă semnificație și anume ziua de naștere a tatălui meu, care mi-a fost model în viață, alături de mama mea. Tata mi-a insuflat plăcerea de a citi, dragostea pentru cărți, spiritul competitiv și mi-a îndrumat pașii spre specializările din facultate. Nu mi le-a impus, nu a insistat, doar m-a făcut să visez acolo și să îmi doresc.

Dacă uneori visam să fiu asistent social sau avocat pentru a sprijini oamenii mai puțin norocoși, treptat, am început să vreau să lucrez într-o multinațională. Și probabil că aș fi putut, nu mi-a lipsit nimic. Dar, cumva, deși nu cred într-un destin scris, împotriva căruia nu avem nimic de spus, drumul meu a luat o altă direcție, aceea a mediului academic. Și, cum spuneam la începutul acestei cărți, nu regret și pot spune că mi-am găsit vocația. Ador ceea ce fac și trăiesc pentru studenții mei.

Este aproape magic să vezi cum energia poate să crească atunci când oferi timp și energie altora. Majoritatea ar spune că, atunci când dai și dai, mereu și mereu, la un moment se va epuiza acel sac de forță și energie. Am descoperit, însă, că lucrurile stau invers. Cu cât ofer mai mult, cu atât primesc mai mult, iar lucrurile bune se întorc asemeneni unui bumerang.

Intenționez să scriu o carte despre modalitățile de susținere a energiei, deoarece, cu toții știm că, dacă nu avem energie, nu putem duce la bun sfârșit obiectivele și sarcinile pe care ni le asumăm. Uneori, spunem că suntem obosiți și nu mai avem forță pentru nimic, dar, dacă ne invită cineva la o petrecere, găsim resursele necesare și nu mai simțim oboseala. Acest lucru se explică, simplist, prin faptul că, fiecare dintre noi, are anumite pasiuni, care hrănesc bazinul nostru energetic. Dacă nu îți plac petrecerile, vei fi obosit în continuare. E doar unul dintre exemple, cred că puteți identifica singuri acele lucruri, fapte sau acei oameni care vă ridică tonusul, indiferent de cum vă simțeați înainte.

Am văzut ce înseamnă 1 octombrie pentru mine și ce cred eu că reprezintă pentru studenții mei, prin prisma anilor mei de activitate și a dialogului permanent cu ei. Pentru o mai mare acuratețe, i-am rugat pe studenți (foști sau actuali) să răspundă la câteva întrebări:

Ce sentimente v-au încercat pe 1 octombrie, cu ocazia deschiderii anului universitar? Gândiți-vă la sentimentele din primul an de facultate, dar și în anii următori. S-au schimbat sentimentele voastre?

Ați avut anumite așteptări la începutul anului universitar? S-au schimbat acestea din primul an de facultate?

Primul set de întrebări vizează sentimentele trăite de student, iar al doilea set așteptările sale, atât în primul an de facultate (în momentul deschiderii anului universitar), cât și ulterior, pe parcursul anilor de studii. Am avut în vedere această schimbare, deoarece este normal ca lucrurile să se schimbe. Unele sentimente și așteptări se estompează, altele devin mai puternice, iar altele apar pe drum.

Alexandra Popa, studenta minunatis (termen folosit de Alexandra pentru a dsemna oamenii frumoși și deosebiți) este absolventă a Facultății de Drept și a masterului Managementul Resurselor Umane, în cadrul FEAA Craiova. Aceasta își descrie trăirile din momentul deschiderii anului universitar astfel:

Primul sentiment m-a lovit ca un tunet. Nu știam ce urma să mă aștepte. Am aterizat buimacă - pentru că pierdusem festivitatea de deschidere din cauza ploii - direct la reuniunea cu tutorele de serie. Am ajuns la finalul ultimelor cuvinte: "Să aveți cei mai frumoși ani ai voștri, să îi umpleți cu informații utile, dar să vă și distrați". M-au încercat sentimentele de teamă pentru necunoscut, dar și nerăbdare amestecată cu puțin entuziasm. În patru ani de licență și unul de master, am trăit cei mai frumoși ani ai mei: am legat prietenii pe viață, am călătorit cu Erasmus, am participat la aproape tot ce era de participat, am trăit pe bune și mă bucur că a fost exact așa ... cum nu mă așteptam să fie.

Pe Alexandra o cunosc din anul universitar 2015-2016, când am avut un curs de Marketing public la Facultatea de Drept. Era pe atunci cu bursă Erasmus în Franța și am colaborat online, pentru a-i da posibilitatea ei și prietenei sale, Andreea, să își realizeze proiectele. Au trecut mai bine de 3 ani de când o știu, dar pot spune că entuziasmul de care vorbește mai sus se vede și se simte în tot ceea ce face (când m-am apucat să scriu cartea în 2017, nu mă gândeam că eu, Alexa și Anca, o altă studentă, vom pune bazele unui ONG).

De atunci, am participat la olimpiade, concursuri, cercul de marketing, clubul de carte Vocea Cititorului Craiovean și am trăit multe experiențe minunate împreună. Eu zic că așteptările ei au fost întrecute de realitate și așa va fi mereu, pentru că văd în Alexandra un potențial ridicat, atât din punct de vedere personal, cât și ca impact pe care ea îl poate aduce în societate.

Admir la Alexandra, studenta și, acum, prietena mea, stilul visător și poetic pe care îl transpune și în scris, pe blogul său sau în simple cuvinte adresate la o întrebare banală, ca cea adresată de mine, pentru a afla cum au evoluat așteptările lor, din primul an de facultate până în prezent:

În ceea ce privește drumul meu profesional, dacă aș putea să reprezint graficul deciziilor mele, ar părea amețitor. De multe urcușuri și coborâșuri am avut parte. Recunosc. Sunt veșnic dezorientată. Dar am noroc că am o barcă în care plutesc și e destul de sigură. Mă avânt mereu spre necunoscut și încă sunt teafără.

Fără așteptări. Fără deziluzii. Deși ... Mi-aș dori să am un plan de supraviețuire totuși. M-ar ajuta să mă opresc pe un mal și să mă canalizez pe o activitate, la care să mă pricep cel mai bine. Sau cine știe? Poate mereu voi fi în căutare de "ceva". Important este să fiu fericită cu alegerile pe care le fac. M-am schimbat enorm în comparație cu primul an de facultate, în unele privințe, iar în altele .. ei bine, am rămas la fel.

Îi mulțumesc Alexei pentru implicarea sa în activitățile extracurriculare de la FEAA Craiova, pentru prietenia ei și pentru visurile sale, care mă inspiră. Cred cu tărie că oamenii de care trebuie să ne înconjurăm sunt cei care te inspiră să faci lucruri frumoase. Mă bucur când descopăr în studenții mei parteneri și prieteni, deoarece simt, în fiecare zi, că educația trebuie să se adapteze noilor generații.

Și pentru că a venit vorba de acest subiect, cel al generațiilor, aș vrea să spun că nu sunt de acord cu tinerii care nu apreciază generațiile trecute și afirmă, pe un ton arogant, că doar ei sunt generația care construiește. Spun asta pentru că aud tineri gândind astfel, dar toți putem construi și, numai atunci când înțelegem că progresul vine din unirea eforturilor tuturor oamenilor, dincolo de bariere de vârstă, sex, religie, cultură, limbă, studii, vom putea construi ceva durabil. Respect generațiile trecute, prezente și viitoare, pentru că, datorită lor, sunt aici și aspir spre acolo. Aspirând spre acolo, profit de fiecare clipă prezentă. Și acesta este îndemnul meu pentru studenții mei: Profitați de prezent, sorbiți-i misterul cu nesaț și trăiți intens!

O altă studentă foarte activă pe care am cunoscut-o este Anca Elena Niță. Interesant este că Anca nu mi-a fost propriu-zis studentă, dar am colaborat la foarte multe activităţi extracurriculare şi nu cred că greşesc dacă spun că mi-a devenit prietenă sau un fel de soră mai mică. M-a uimit mereu prin maturitatea ei, încă din primul an de facultate când am cunoscut-o, precum şi prin spiritul ei fin de observaţie. Mi-o imaginez uimită, atunci când va citi aceste rânduri, pentru că nu cred că realizează toate calităţile pe care le are. Este o foarte bună vorbitoare, este empatică, interacţionează uşor, îşi face prieteni şi se descurcă în situaţii dintre cele mai diverse.

Anca spune despre primul 1 octombrie următoarele: *Festivitatea de deschidere a primului an universitar a fost minunată. Abia aşteptam să fac un tur al universităţii, să văd laturile frumoase ale acesteia, să îmi cunosc noii colegi şi să simt atmosfera aceea academică, total diferită de cea de la liceu. 1 octombrie, zi plină de emoţii şi aşteptări, pentru că primii paşi în univesitate au fost sfioşi şi plini de speranţă către o nouă etapă a vieţii mele. Acele emoţii pe care le controlezi cu greu când eşti copleşit de tot ce se întâmplă în jurul tău se regăsesc de 1 octombrie. Prima deschidere la care am participat a fost perfectă, apoi, în anul II, am început să am alte aşteptări de la această zi, diferite de cele din primul an, dar la fel de puternice. Aşteptam cu nerabdare să îmi revăd colegii şi să povestim, dar şi să mă întâlnesc cu cadrele didactice care m-au susţinut şi încurajat în tot ce am întreprins. Acum aştept cea de-a treia festivitate de deschidere, pentru mine ultima, pentru programul de licenţă. Cred că sentinentele o sa îmi fie diferite, cu siguranţă o să fiu nostalgică şi emoţionată de tot ce am realizat în acea perioadă, dar şi bucuroasă că am întâlnit cadre didactice care au fost mentori pentru mine. Pe această cale, ţin să le mulţumesc din suflet pentru tot ceea ce au făcut pentru mine; au avut grijă de dezvoltarea mea profesională și personală!*

Vedeți? Ce vă ziceam mai sus? Anca are mereu cuvintele potrivite și te face să te simți bine atunci când le citești sau când vorbești cu ea. Învață foarte repede, este conștiincioasă, activă, matură, voioasă, energică, entuziastă, serioasă și te poți baza pe ea. Adesea, am auzit-o rostind în speech-urile sale cuvintele *parteneriat între studenți și profesori*. Și cred și eu în acest lucru. Atunci când profesorul își va privi studenții ca fiind partenerii săi și invers, sistemul educațional va progresa foarte mult, acest aspect având implicații și în plan economic și social, deoarece toate se leagă și toate pornesc de la o educație desăvârșită.

Legat de așteptările sale și cum au evoluat acestea din primul an, Anca spune: *Da, categoric. Așteptările s-au schimbat de la an la an. Totul era diferit, însă emoții tot simțeam când realizam că începe din nou un an universitar. Poate că, în fiecare an, de deschidere, aveam mai multe așteptări de la mine, ca student. Îmi doream să fiu mulțumită de propria persoană, să fiu împăcată cu mine însămi. De asemenea, pot spune că așteptările nu au ezitat să apară nici în timpul anului universitar, mereu am avut o serie de oportunități minunate; uneori, ești pus în situația de a o alege pe cea pe care o consideri cea mai bună. Așteptările se schimbă pentru că, de obicei, ne maturizăm, avem alte dorințe, nevoi, dar și altă viziune asupra vieții.*

Răspunsul Ancăi ne arată că este o persoană matură, deși are doar 20 de ani și este doar în anul al II-lea de facultate. Cel mai mult îmi doresc să întâlnesc studenți entuziaști ca Anca. (De la momentul începerii cărții și până la finalizare, Ancuța a intrat la master, lucrează într-o bancă şi este colegă fondatoare în ONG-ul creat, Asociaţia Building Hopes).

Dacă ar fi să menţionez unul dintre factorii de succes pentru un student, aş pune pe primul loc entuziasmul. Dacă pui entuziasm şi pasiune în ceaa ce faci, lucrurile vor ieşi aşa cum vrei în cele din urmă.

O altă sudentă, Mihaela M., spune: *Pentru mine, 1 octombrie 2015 a fost linia de start de la care am ales să încep o nouă etapă a vieţii, ruta care speram eu şi încă sper că mă va duce departe. Eram încărcată de emoţii, teamă, speranţă şi încredere. Intrarea în Univesitate, Sala Albastră, (în care s-a ţinut festivitatea de deschidere) oameni importanţi îmbrăcaţi la costum, care ne spuneau că ei de aici, de pe băncile acestei facultăţi au plecat, că noi vom ajunge colegii sau competitorii lor. Totul în jur emana respect, putere, cunoştere. Parfumul unui viitor strălucit îmi inunda mintea.*

Observăm în toate răspunsurile studenţilor câteva elemente comune: emoţiile, admiraţia faţă de clădirea şi sălile impunătoare, atenţia acordată discursurilor de la deschidere şi cuvintele care li se întipăresc în minte şi suflet. Este important ca noi, cadrele didactice, să înţelegem acest rol şi să punem pasiune în tot ceea ce spunem şi facem. Aşa cum există cercuri vicioase, cred în existenţa cercurilor virtuoase, prin care elementele pozitive se propagă şi iau amploare. Să urmărim, aşadar, să creăm cercuri virtuoase în viaţa noastră, indiferent că suntem profesori sau studenţi. Un zâmbet sau o vorbă bună pot face un student mai puţin înclinat spre studiu să se dedice surprinzător de mult anumitor activităţi curriculare sau extracurriculare.

Tot Mihaela M. ne vorbește despre așteptările pe care le-a avut și le are legat de facultate: *Așteptări ...!? Speranțe ... Speram să întâlnesc oameni minunați (și am făcut-o), speram să întâlnesc profesori devotați (și am făcut-o! La noi în facultate, există profesori pregătiți și devotați!), speram să asimilez multe cunoștințe (asta nu știu dacă mi-a ieșit :-)))), speram să părăsesc facultatea pregătită să reușesc în viață (nu știu cum va fi, dar sper că va fi bine ;-)). Și da, lucrurile s-au schimbat din primul an și până acum ... speranțele s-au diminuat și visele se contopesc cu realitatea și îmi "scad" obiectivele realizabile în viitorul apropiat; crește, în schimb, ambiția și credința. Voi reuși!*

Nu pot să nu observ că Mihaela are, cumva, percepția că visurile trebuie să se mai domolească, să devină mai realiste. Nu știu dacă am dreptate sau nu, dar știu cu certitudine că societatea și normele ei ne împing uneori la reducerea speranțelor, a visurilor și pasiunilor noastre, pentru a ajunge la nivelul considerat „normal". Îmi încurajez studenții să accepte să fie diferiți și să își permită libertatea de a fi extraordinari.

O altă studentă minunată, pe care am întâlnit-o în ultimul an, este Mădălina D., care descrie într-un mod plin de sensibilitate trăirile sale la 1 octombrie: *La început mă gândeam că intru într-o lume nouă și de aici povestea mea va prinde un alt contur, mă gândeam că urma să întâmpin și dificultăți pe drum ..., dar oare nu astea ne fac reușitele mai frumoase? Așadar, sentimentele ce m-au cuprins la începutul acestei etape au fost: nerăbdare, datorată dorinței aprige de cunoaștere a tot ce urma a fi nou în viața mea, bucurie fiindcă îmi era foarte drag fiecare "pas" pe care îl făceam, universitatea, facultatea, oamenii variați și speciali, vedeam cum un nou univers se deschide, iar asta mă umplea de pozitivism și dorința de a mă avânta tot mai adânc în aventura acestei etape a vieții mele. În anii următori, m-am bucurat de fiecare eveniment ce avea loc, am căutat să ma implic în cât mai multe activități, proiecte, evenimente, să mă atașez cât mai mult de materii, să îmi creez o imagine a ceea ce urma mai târziu, simțeam că se apropie ultimul an cu pașii repezi și nu aveam decât să profit la maximum de tot. Îmi amintesc cu drag fiecare moment și întâmplare mai mult sau mai puțin fericită, dar care și-a avut motivul său, sau mai bine spus motivația sa.*

Toată această avalanșă de gânduri și emoții din mintea și sufletul Mădălinei s-au concretizat în foarte multe activități, concursuri, evenimente și tabere la care a participat, iar la multe dintre acestea, am fost partenere, eu în calitate de profesor, ea în calitate de studentă. Mădălina Dodoc și Anca Niță au obținut premiul pentru interdisciplinaritate la Olimpiada Naționala a Economiștilor în Formare, secțiunea Management, licență, în anul 2016, cu lucrarea Managementul voluntarilor și activităților de voluntariat. Acesta este doar unul dintre momentele în care am făcut echipă bună.

Cred că sistemul de învățământ ar fi mai bun dacă am privi studenții sau elevii ca parteneri și membri ai unei echipe. Rezultatele apar dacă le arătăm studenților respect, încredere, prietenie.

Legat de așteptări, Mădălina ne spune: *nu s-au schimbat, mereu au fost acelea de a investi în mine cât mai mult, mereu vreau să evoluez și știu că niciodată nu mă voi opri din asta, m-am agățat cât mai mult de orice oportunitate și asta a dus la împlinirea cu succes a așteptărilor mele.*

Îmi place optimismul și încrederea pe care Mădălina le are, deoarece acestea sunt particularități care îi vor deschide multe drumuri și o vor ajuta să devină o persoană de succes. Nu notele sunt indiciul succesului, ci dorința de implicare în cât mai multe activități și pasiunea pusă în acestea.

Răspunsurile oferite de Monica Ionela Mărgărit, studentă la master, îmi aduc aminte de anumite sentimente proprii. Văd în raspunsul ei maturitate, pe care a dovedit-o și în primii ani de facultate, când am cunoscut-o: *Nerăbdare, anxietate, nesiguranță în forțele proprii - aceste sentimente ar descrie cel mai bine primul meu 1 octombrie ca student. La începutul facultății, obișnuiam să nu am prea multă încredere în mine, însă, cu fiecare an de falculate ce a trecut, această nesiguranță s-a evaporat. În următorii ani de facultate, un singur sentiment a rămas neschimbat: nerăbdarea: nerăbdarea de a-mi revedea colegii, nerăbdarea de a cunoaște noii profesori, noile materii ce aveam să le studiez, nerăbdarea de a învăța lucruri noi. Astăzi, apropiindu-mă de ultimul meu 1 octombrie studențesc, sentimentul dominant este tot nerăbdarea, însă, pe lângă aceasta, și-a făcut prezența un nou sentiment: tristețea cu un iz de nostalgie.*

Deși Monica menționează neîncrederea în forțele proprii, aș putea spune că are mai multă încredere în ea decât mulți studenți care spun că au încredere în ei. Poate vi se pare bizar să spun asta, dar, nesiguranța de care vorbește Monica se datorează mai degrabă realismului ei și, cred eu, pentru că nu îi place să supraevalueze anumite aptitudini, calități. O rețin pe Monica, deoarece, în urmă cu 4-5 ani, am avut un seminar de Management la grupa ei. Aveau de prezentat un referat și majoritatea au avut o manieră clasică de prezentare. În schimb,

Monica a ieși la tablă și a început să schițeze pe tablă referatul său despre motivație: a creionat teorii pe acest subiect, a sintetizat totul foarte bine, de parcă ar fi fost un profesor care își prezintă lecția în fața studenților. Desigur, acest lucru se poate datora faptului că așa învață ea, fiind o fire mai practică și lucrând cu schițe și multe sinteze. Dar m-a impresionat și nu îmi este dat să văd de multe ori un asemenea talent și aptitudini oratorice. Felicitări, Monica!

Și în privința așteptărilor, Monica dovedește că știe ce vrea, având spiritul unui om matur: *Așteptările mele față de facultate au fost, probabil, ca ale oricărui alt student, și anume, de a-mi forma o bază de cunoștințe pe care să-mi pot clădi o carieră. Întotdeauna am văzut facultatea ca fiind un loc în care intri ca un copil iresponsabil, care nu știe ce își dorește de la viață, și din care ieși un adult în toată firea, care, chiar dacă nu a aflat cu exactitate ce vrea să facă din viața sa, și-a format o idee. Această parere a rămas neschimbată, ba chiar mai mult, s-a și adeverit.*

În activitatea mea, întâlnesc mulți studenți și toți sunt diferiți, având propriile visuri, idei și așteptări, de la facultate, de la viață, de la ei sau de la oamenii cu care interacționează. Poți avea surpriza ca unul dintre ei să îți spună că este nesigur, dar, de fapt, să fie exagerarea unei persoane prea realiste sau care subevaluează lucrurile și, în realitate, să ai de-a face cu un student care are încredere în forțele lui și este foarte matur pentru vârsta lui. Sau poți întâlni studenți foarte visători, dar, care, treptat, își pierd visurile pentru că nu luptă suficient de mult pentru ele sau nu întâlnesc pe cineva care să creadă în ei și să le spună că este bine să țintească sus.

Mi-a plăcut la Monica un cuvânt, în care m-am regăsit mult: nerăbdare. Asta este ceea ce simt și eu acum, înaintea fiecărui semestru: nerăbdarea de a-mi revedea studenții sau de a cunoaște noi studenți. Am și eu dezamăgirile mele, defectele mele și încerc mereu să găsesc noi modalități prin care să solidific relația cadru didactic - student.

V-am prezentat în acest capitol doar gândurile a cinci studente ale mele. Am vrut să înțeleg mai bine ce simt studenții, cum li se schimbă așteptările, pentru că empatia la nivel cognitiv și afectiv ne ajută să comunicăm mai bine și să fim mai eficienți în activitatea didactică.

În încheierea acestui capitol, vreau să le transmit studenților mei și nu numai, că sunt normale și confuzia, și exaltarea, și nesiguranța sau nerăbdarea. Este important să fii deschis la nou, indiferent că acest nou vizează experiențe, cunoștințe, profesori, colegi sau alte persoane. Îmbrățișați noul și nu uitați că orice sfârșit este un nou început!

MANAGEMENTUL EȘECULUI

Acest capitol este destinat tuturor studenților care au dat greș. Și e imposibil să nu eșuăm, pentru că suntem oameni, iar imperfecțiunea ne face atât de frumoși. Eșecurile pot fi mai mari sau mai mici, dar mesajul este același: mergi mai departe!

Indiferent că ai luat o notă mică, ai ratat un examen sau ai muncit până la epuizare la un proiect și nu te-ai calificat pentru o etapă superioară sau nu ai luat un premiu, indiferent că simți că e vina pretenilor, a ta sau a profesorilor, a părinților sau a sistemului, ia-o încet! Îți garantez că toate trec, toate au o soluție și multe dintre lucrurile care acum îți par vitale, peste 5-10 ani, nici măcar nu ți le vei mai aminti.

Să o luăm pe rând! Să zicem că ai luat o notă mică la un examen. Nu are rost să te plângi, să te lamentezi sau să suferi. Faptul este împlinit și trebuie să te gândești la o soluție: ori faci contestație, dacă simți că meritai o notă mai bună, fie mergi la mărire, fie mergi mai departe.

Știu că mulți studenți se tem să conteste o notă primită, gândindu-se că, poate, vor primi una și mai mică în urma recorectării sau, mai rău, nu vor mai promova. Sfatul meu este să faci contestație, dacă ești stăpân pe materia învățată. Nu ajută la nimic dacă tu știi că ai făcut bine, dar nu contești de teamă. Mai bine să regreți că ai făcut ceva pentru tine, luptând pentru dreptul tău, decât să regreți că nu ai avut curaj. Chiar dacă vei primi o notă mai mică, încrederea în tine ar trebui să crească.

În facultate, am făcut contestație încă din primul an. Am învățat și nu aș fi acceptat să nu mi se recunoască truda. Cumva, dintr-o eroare umană, s-au strecurat niște grile greșite pe foaia de examen. Mi-am dat seama și m-am ridicat să atrag atenția asupra acestui fapt. Nu îmi dau seama cum am făcut asta, pentru că era prima sesiune și eu eram foarte timidă, dar eram hotărâtă să lupt pentru munca mea. Când eram mai mică, visul meu era să lupt împotriva nedreptăților din postura de avocat. Deși studentă la economie, corectitudinea și dreptatea erau valori în spiritul cărora fusesem crescută, așa că mi-am asumat riscul și i-am comunicat profesorului că unele grile sunt greșite. A fost cu final fericit, am luat nota zece, pentru că profesorul a înțeles și a ascultat.

Nu întotdeauna, profesorii sunt pe aceeași lungime de undă cu tine, dar importante nu sunt notele în viață, ci să lupți pentru tine. În felul acesta, chiar dacă uneori vei da greș, vei fi mulțumit că ai făcut ceea ce tu credeai a fi corect.

Orice decizie iei, reține că nota este doar o notă și nimic mai mult. O notă mare nu este o garanție a geniului și a succesului tău, la fel cum o notă mică nu înseamnă că nu ești inteligent sau că nu vei avea succes în viață. În plus, mulți profesori formulează, încă, subiecte clasice la care trebuie să reproduci, mai mult sau mai puțin exact teoria învățată. Deci, o notă este ca o poză: reflectă ceea ce știi la un moment dat și este subiectivă, nu atât prin prisma evaluării, cât prin a factorilor subiectivi, care pot fi legați de starea de confort resimțită de student, de problemele cu care acesta se confruntă, de starea lui mentală, sufletească, de problemele sale financiare sau familiale. Studentul nu este un robot, așa cum nici profesorul nu este.

Dacă ratezi un examen și ai o restanță, nu este nicio tragedie. Am văzut studenți, care termină facultatea în 10-11 ani și ceea ce simt pentru ei este admirație. Îi admir pentru că o termină, indiferent cum și când. Au un obiectiv și îl duc la îndeplinire, iar asta merită apreciat.

Se spune că 90% dintre lucrurile pentru care ne îngrijorăm nu vor mai avea importanță în 5-10 ani. Cu siguranță, notele și un examen pierdut nu sunt printre cele mai tragice evenimente din viața cuiva. Sfatul meu este să te așezi undeva, tu cu tine și să îți stabilești niște priorități.

Mai trist decât o notă mică este să văd studenți, care nu știu de ce fac o anumită facultate, ce vor să facă după ce termină facultatea și nu știu ce visuri au. Vestea bună e că niciodată nu e prea târziu să îți liniștești mintea, pentru a-ți lăsa adevărata voce să se audă: nu vocea familiei tale, nici a prietenilor tăi sau a societății, ci a ta! Ce vrei tu să faci?

Poate că nu e cazul tău, pentru că ești un student care nu a luat o notă mică și nu a avut niciodată vreo restanță (cazul meu, de exemplu), dar, cu siguranță, ai avut vreun proiect, vreo idee, ai participat la vreun concurs și nu te-ai calificat mai departe sau nu ai luat premiu. În acest caz, îți recomand să reții și să îți repeți cuvintele din titlul cărții lui John Maxwell – *Uneori câștigi, uneori înveți*! Nu neapărat să înveți că ai greșit, dar e important să înveți să pierzi, să înveți despre subiectivism, despre oameni diferiți, să înveți să ai încredere în tine, indiferent de ceea ce spun ceilalți. Nu înseamnă că trebuie să fii infatuat, plin de tine și să ignori ce spun ceilalți, dar să nu te desconsideri în urma unui eșec. Să mergi mai departe, cu aceeași încredere sau chiar cu una sporită.

Acum vine dilema cu care unii studenți se confruntă, după ce au suferit un eșec, o pierdere mai mare sau mai mică. De ce să mai participe în viitor la activități extracurriculare, unde nu s-au dovedit a fi câștigători? O să trec peste clișeul adevărat că toți participanții sunt câștigători. Prima condiție este să realizezi că ești câștigător. Dacă te vei lăsa copleșit de un eșec, ai pierdut.

Trebuie să realizezi toate lucrurile bune de care te bucuri pe parcursul acelei experiențe curriculare: prieteni, vizitarea unui oraș nou, comunicare mai bună cu profesorii și colegii, dezvoltarea abilităților de public speaking, dezvoltarea unui spirit competitiv, amintiri și experiențe frumoase, posibilitatea de dezvoltare personală și profesională, crearea unor oportunități. Uneori, oportunitățile pot fi legate de experiența respectivă sau doar de oameni. Să zicem că nu ai luat un premiu. Nici nu mai contează de ce sau cum, dar, e posibil ca cineva, un profesor, un om din mediul de afaceri să te remarce pentru anumite calități și să îți ofere posibilitatea unei colaborări.

Uneori, ceea ce par a fi coincidențe sunt doar rezultate ale legii atracției. Atragem oameni minunați și oportunități extraordinare, nu pentru că ar exista vreun secret pe care doar unii îl dețin, ci pentru că, la astfel de evenimente, competiții, conferințe, este logic să întâlnești oameni cu interese și aspirații similare. Am avut ocazia, atât eu, cât și studenții pe care i-am coordonat, să vedem cum lucrurile se așează exact în modul dorit sau că oportunitățile încep să se țină lanț. Unii zic că e noroc, dar îi contrazic. Este doar muncă și deschidere spre nou. E normal să fii sceptic și eu sunt o persoană realistă, deci nu este vorba de adoptarea unei atitudini de genul: *Dacă mă rog mult la Univers, el îmi va da tot ceea ce vreau.*

Când pui suflet în ceea ce faci, când entuziasmul tău ți se reflectă în voce, în priviri, în mișcarea corpului, nu contează dacă cineva într-un juriu (sau un profesor sau mai știu eu cine) îți spune că nu ai luat un premiu sau o notă mare sau nu te-ai calificat în etapa următoare. Carisma ta, pentru că despre asta vorbim, se va vedea și va atrage oamenii potriviți în jurul tău. Carisma sau farmecul personal sunt elemente de succes pentru parcursul unui tânăr.

În acest capitol, am pus accent pe principalele eșecuri din viața studențească: note mai mici, examene ratate, competiții sau proiecte, nefinalizate cu rezultatul dorit. Unii studenți lucrează din timpul facultății și se pot lovi de problema găsirii locului de muncă ideal, mai devreme decât colegii lor care așteaptă absolvirea. Prin ideal înțeleg acel job care îți asigură echilibru între dorința de a avea bani, aceea de a avea timp liber pentru pasiuni, pentru tine și cei dragi, pentru distracție, pentru meditație sau pentru a-ți termina studiile, în cazul în care ești, încă, student.

În capitolele următoare, voi aprofunda noțiunea de eșec în situația în care un student sau un absolvent are de-a face cu primele probleme ivite în încercarea de a-și găsi un loc de muncă, precum și întrebările pe care tânărul și le pune, referitor la parcursul său profesional. În activitatea mea, întâlnesc frecvent studenți care îmi cer sfatul cu privire la un anumit loc de muncă: dacă să îl accepte, dacă să mai rămână și multe alte griji care iau naștere înainte sau după angajare.

Legat de conceptul de eșec, voi prezenta și un alt concept, acela al integrării. O integrare defectuoasă într-un mediu conduce la reșimțirea acută a sentimentului de eșec sau de neîmplinire personală sau profesională. Este important să nu ne lăsăm copleșiți de aceste sentimente și să nu pierdem din vedere tabloul mare, care conține și soluțiile la problemele noastre.

Nu trebuie să devenim obsedați de eșec, dar trebuie să îl acceptăm ca fiind o parte a existenței noastre, ceva natural, ceva de care nu trebuie să ne speriem. Când simți că totul în jur se prăbușește, întreabă-te dacă poți schimba ceva. Dacă e prea târziu, mergi mai departe. Nu are rost să îți faci griji în mod inutil. Dacă poți face ceva să schimbi cursul acelei acțiuni, identifică soluțiile și ia atitudine! Acționează!

REFERINȚE

1. Maxwell, J., *Uneori câștigi, uneori înveți*, Editura Amaltea, 2014

ÎN CLASĂ...

În cartea *În clasă* de Francois Begaudeau, am găsit câteva întrebări, care m-au pus pe gânduri. Deși autorul vorbește despre sistemul preuniversitar francez, multe dintre ele sunt aplicabile și sistemului universitar din România sau din altă țară, pentru că lucrurile se schimbă destul de repede și noi trebuie să ne schimbăm în același timp sau chiar mai repede.

Care este rolul școlii în prezent și pe viitor?

Nu vreau să dau un răspuns pe care îl găsiți în mod oficial pe site-urile instituțiilor de învățământ sau în broșurile de promovare a acestora, ci unul născut din experiența mea și contactul meu cu studenții. După mai mult de unsprezece ani de experiență didactică, după numeroase activități extracurriculare la care am participat împreună cu studenții mei, după o acomodare grea și o integrare anevoioasă în primii ani, după un sentiment de dezamăgire și decepție, am avut revelația florii cu care se face primăvară.

Treptat, în mintea și inima mea, a luat naștere această credință puternică, opusă vorbei din popor care spune că nu se face primăvară cu o floare. Din punctul meu de vedere, fiecare dintre noi trebuie să luptăm să fim această floare, fără să ne gândim dacă mai sunt și altele în jur. Revenind la întrebarea pusă de Begaudeau, rolul școlii este de a rupe barierele create anterior. Nu vreau să spun că școala tradițională nu are nimic bun, ci doar că trebuie eliminate barierele, obstacolele și blocajele create, intenționat sau nu.

Nu pot să nu îmi aduc aminte de cartea lui Salman Khan (fondatorul Khan Academy, nu actorul) – *O singură școală pentru toată lumea*. Acesta vorbește despre creativitate și modul în care aceasta poate fi stimulată sau, dimpotrivă, blocată. Într-un articol scris de mine în 2016 și publicat în revista Management și Marketing – Study regarding management of learning and teaching process[1], am realizat o cercetare empirică asupra unui număr de 156 de studenți din România.

Concluzia cercetării mele este că școala trebuie să se adapteze rapid la noile schimbări tehnologice, la cea de-a patra revoluție industrială în care ne aflăm, numită în literatură ca perioada digitalizării sau Internetul lucrurilor (Internet of things). Indiferent în ce generație suntem, X, Y, Z sau Alpha, lucrurile se schimbă, evoluează, uneori atât de repede, încât nu avem timp să analizăm dacă în direcția bună sau cea rea.

Tânjim după libertate, la școală, în viața de zi cu zi, la locul de muncă. Vedem tot mai des știri despre locuri de muncă de acasă, online, de 6 ore pe zi sau cu 3-4 zile pe săptămână. Vedem știri despre școli pilot eficiente, unde nu se mai predau discipline distincte, ci teme, care leagă lucrurile din toate perspectivele, școli unde vârsta nu este principalul element de grupare a elevilor sau unde notele nu mai contează. Vorbim despre individualitate, despre creativitate, iar școala viitorului are rolul de a veni în întâmpinarea acestor schimbări.

Dacă în urmă cu câțiva ani, la începutul carierei, făceam prezența la curs/ seminar destul de riguros, treptat, am început să renunț la asta, notând prezența activă, indiferent de mediul prin care

---

1. http://mnmk.ro/documents/2016_02/10.pdf

aceasta se manifestă. În 2015, am stat două luni la Milano, unde am avut un stagiu postdoctoral la Universitatea Bicocca și am observat că profesoara lor nu făcea prezența, iar studenții veneau și plecau când doreau, fără să anunțe, să explice sau să ceară scuze. Mi s-a părut un pic ciudat la început, dar mi-am zis că poate așa trebuie să fie.

Am realizat că rolul școlii trebuie să fie apropierea cadrului didactic de student, dincolo de barierele unui spațiu fizic, limitat. Trăim, totuși într-o eră a Internetului, le vorbim tinerilor de digitalizare, deci, prin urmare, ar trebui să facem ceva în acest sens. Nu vorbesc de o înlocuire și o desființare a învățării față în față, ci de o completare, mai ales când este în avantajul ambelor părți. Acesta este motivul pentru care am introdus clasa virtuală. Există site-uri și platforme mult mai complexe, dar, având în vedere prezența tinerilor pe rețelele de socializare, am ajuns să creez grupuri pe Facebook pentru fiecare curs, concurs sau activitate extracurriculară, pentru fiecare an.

Am observat că motive ca *nu am avut timp* sau *nu am știut despre ce este vorba* sau *nu am înțeles* nu mai pot sta în picioare. Sunt tot timpul acolo pentru studenții mei să le explic, să primesc o temă, indiferent că au nevoie de mine în timpul zilei sau seara, când unii dintre ei se întorc de la muncă. Am devenit flexibilă pentru că iubesc ceea ce fac și locul meu de muncă nu are un program de la 9 la 17 sau de la 8 la 16.

Cine crede că profesorii au timp liber nu greșesc. Dar dacă ești un profesor pasionat, timpul liber nu e chiar atât de mult. Există, desigur, avantajul unui program flexibil, dar este tot muncă, indiferent că stai în fața unui birou sau stai în fața laptopului, în pijamale, în timp ce le explici studenților ceea ce nu au înțeles sau dezbați cu ei probleme existențiale. Pe lângă rolul de informare, contează foarte mult și cel de formare. Poate unii cred că studenții sunt deja la o vârstă în care nu se mai pot forma/schimba, dar eu cred că la orice vârstă putem învăța ceva nou, de la oricine. Nu înseamnă că sunt atoateștiutoare, dar îmi place să cred că două minți sunt mai bune decât una. Nu de puține ori, studenții îmi cer sfatul în legătura cu un eventual loc de muncă sau chiar în legătură cu aspecte personale.

Unii cred că trebuie menținută o limită în comunicarea dintre cadrul didactic și student, dar experiența ultimilor ani de activitate îmi spune că nu am greșit apropiindu-mă de studenți. Mă simt ca și cum aș avea o familie impresionantă de frați sau surori mai mici sau mai mari, pentru că am și studenți mai în vârstă decât mine, pe care îi admir cu adevărat.

O altă întrebare din cartea lui Begaudeau care mi-a atras atenția este cea privind *tipul de motivare la care am putea recurge pentru ca studenții să învețe mai eficient*. Scopul este, desigur, o mai bună integrare pe piața muncii. Cum să îi facem, așadar, să învețe mai mult, să se dedice mai mult în timpul studiilor pentru a deveni, ulterior, specialiști în domeniul lor?

Motivația este unul dintre subiectele care au devenit aproape o obsesie pentru mine, cu atât mai mult cu cât între motivarea studentului și a cadrului didactic există o legătură directă. Un student motivat poate contribui la creșterea nivelului de motivare a cadrului didactic, cu condiția ca profesorul să fie pasionat de munca sa. Pasiunea nu este suficientă pentru a menține vie motivația. Deși e de preferat motivația intrinsecă, de foarte multe ori, avem nevoie și de motivație extrinsecă, venită de la cei care au încredere în noi și susțin focul lăuntric. De aceea, și studenții, și profesorii au nevoie unii de ceilalți, pentru a se susține reciproc. Poate vi se pare utopic, dar așa ar trebui să stea lucrurile într-un sistem normal de educație.

Revenind la întrebarea de mai sus, consider că studentul poate fi motivat dacă vede în cadrul didactic un om care are încredere în el, în potențialul și creativitatea sa. Putem crește nivelul de motivare, dacă îi lăsăm pe studenți liberi să își manifeste ideile. Experiența mea mi-a arătat că unii studenți sunt mai motivați decât alții și, uneori, indiferent ce faci tu, în calitate de cadru didactic, este insuficient. Este important ca părinții să înțeleagă resorturile psihologice ale copiilor lor și să le insufle încredere în forțele lor de la vârste fragede.

Strategia prin care eu încerc să îmi motivez studenții este aceea de a-i implica în cât mai multe activități extracurriculare și de a organiza unele special pentru ei. Acesta este motivul pentru care, în perioada 2015-2017, am organizat un club de marketing[2], o revistă a studenților[3] și un club de lectură[4]. Sunt proiectele mele de suflet, create din dragoste și pasiune pentru meseria mea. În toate aceste proiecte, eu și scriitorul Laurențiu Badea[5] suntem voluntari, asigurând diplome, premii în cărți și DVD-uri și editarea revistei online a studenților.

---

2. https://www.facebook.com/groups/Cerculdemarketing

3. https://www.facebook.com/cronicastudentuluiFEAACraiova/

4. https://www.facebook.com/Vocea-Cititorului-Craiovean-1036396969828206/

5. https://www.facebook.com/laurentiumbadea

Studenții pot fi motivați dacă le arătăm respect, că avem încredere în ei și capacitățile lor. Ei trebuie încurajați, lăudați și mai puțin criticați. Există opinii care susțin că este bine să critici constructiv. Nu știu cum funcționează la alții, dar la mine critica nu a mers niciodată, indiferent că o fi fost constructivă sau nu. Am văzut, însă, studenți cu lipsuri, care, în urma încurajărilor mele, au devenit din ce în ce mai buni, motivul fiind dorința lor de a veni în întîmpinarea profesorului care are încredere în ei.

Am primit numeroase mesaje în privat de la studenții mei, prin care aceștia îmi mulțumeau pentru că le-am dat încredere și, astfel, au aplicat pentru un loc de muncă mai bun sau s-au implicat mai mult în anumite activități, care s-au dovedit extraordinare pentru parcursul lor personal și profesional.

Cu tot efortul meu de a-i motiva pe studenți, aceste proiecte nu ar exista dacă nu aș întâlni tineri cu potențial, tineri talentați, entuziaști și pasionați. Am găsit tineri cu un potențial foarte mare, chiar dacă mediile lor nu erau dintre cele mai mari, ceea ce îmi întărește convingerea legată de note.

O altă întrebare care mi-a atras atenția după lecturarea cărții lui Begaudeau sau a lui Salman Khan este cea legată de *evaluare. Care este rolul ei și care sunt modalitățile de notare și examinare?*

Evaluarea este necesară, nu există nicio îndoială asupra acestui aspect. Problema care se ridică se referă la instrumentele necesare în acest proces. Adesea, notele sau calificativele predomină, creând etichete și discrepanțe menite să adâncească barierele existente. Dacă sistemul impune acordarea de note, cadrul didactic poate reduce acest aspect subiectiv, modificând criteriile de evaluare. Ce este mai relevant: memorarea unor date sau interpretarea lor într-o manieră inedită, originală, creativă?

Prin urmare, în ultimii ani, am început să renunț complet la redactarea eseurilor (ele, în sine, sunt eficiente, dacă studentul nu ar pune semnul egal între eseu și referat) și să le dau studenților mei teme ce necesită un grad sporit de creativitate, cum ar fi realizarea unor clipuri video pe subiectul disciplinei pe care o predau.

Până și examenele sau testările au devenit modalități prin care apreciez creativitatea studenților, capacitatea lor de analiză și sinteză, comparația, observarea. Mulți studenți mi-au mărturisit că școala le-a ucis creativitatea: profesorii din preuniversitar și universitar îi pun să memoreze lucruri și apoi îi sancționează prin note dacă nu scriu exact ca în curs.

Sunt departe de a generaliza, dar foarte mulți profesori fac asta pentru că e mai ușor. E mai comod să verifici o lucrare după un barem fix decât să analizezi gradul de creativitate al unui student. Recunosc că este destul de greu de măsurat printr-o notă ceva atât de subiectiv precum creativitatea. Îmi aduc aminte culegerile de analize literare pe care trebuia să le citim, pentru că nu era bine să spunem că poetul sau scriitorul X a vrut să ilustreze ceva diferit decât ce au spus criticii. Și nu acesta ar trebui să fie rolul artei, să interpretăm așa cum dorim? Arta fără un admirator nu are valoare. Nu suntem toți la fel, deci reflectăm diferit lucrurile, oamenii, faptele, fenomenele.

Predau discipline economice, dar există creativitate și la acest nivel. Succesul în afaceri nu ar exista dacă oamenii de afaceri ar face totul după un tipar deja existent. Cei care creează afaceri inedite, produse diferite sau au un marketing atipic au cel mai mare succes.

Sfatul meu pentru studenți și nu numai este să îndrăzniți să fiți creativi, diferiți, liberi, flexibili! Fiți extraordinari, credeți în visurile voastre și nu lăsați o notă sau alt sistem să vă spună cine sunteți sau care este valoarea voastră! Nu credeți orbește în etichete și nu cădeți în capcana de a vă eticheta singuri sau de a pune etichete celor din jur.

Ce relații se pot stabili între profesori și elevi?

Relația care se stabilește între cadrul didactic și student trebuie să fie, desigur, în limitele eticii și deontologiei profesionale. Acest lucru ne spune ce este necesar, dar nu arată și cum se poate dezvolta această relație, astfel încât să contribuie la un act educațional mai bun, pentru ambele părți implicate, atât sub aspectul motivării, al informării, cât și al formării personale și profesionale.

Din punctul meu de vedere, relația trebuie să fie una de prietenie, de apropiere, astfel încât studentul să vadă în profesorul său un fel de mentor care să-l îndrume atât pe parcursul studiilor, cât și ulterior pentru o mai bună inserție pe piața muncii și pentru alte colaborări de natură profesională. Apropierea dintre cadrele didactice și studenți poate fi o sursă de inspirație și motivație pentru ambele părți.

Cineva ar putea să spună că această apropiere poate periclita obiectivitatea actului educațional. Consider că pot fi prietenă cu studenții și să le dau și note mai mici, dacă nu sunt pregătiți suficient. Pot separa foarte bine latura umană de cea profesională, dar le și pot îmbina într-un mod care să nu reducă din obiectivitatea mea.

Trebuie să redefinim rolul cadrelor didactice?

Cu certitudine! A trecut vremea în care puteam să ne prefacem că rolul educației, al cadrelor didactice sau al studenților în procesul educațional poate rămâne neschimbat, fără să existe consecințe asupra eficienței procesului de predare și/sau învățare.

Pentru toate acestea, răspunsul nu se află în mâinile unui sistem, al statului, al comunității, al altor oameni. Responsabilitatea nu este a altcuiva, este a noastră, a fiecăruia dintre noi și aici reiterez ideea conform căreia se face primăvară cu o floare.

REFERINȚE

1. Badea, L.M., scriitor și grafician, www.facebook.com/laurentiumbadea[6]

2. Begaudeau, F., *În clasă*, Editura Nemira, 2008

3. Cercul de Marketing, proiect personal, www.facebook.com/groups/Cerculdemarketing[7]

4. Cronica Studentului FEAA Craiova, revistă coordonată de S. Puiu și editată de graficianul și scriitorul L.M. Badea, www.facebook.com/cronicastudentuluiFEAACraiova

2. Khan, S., *O singură școală pentru toată lumea*, Editura Publica, 2013

3. Puiu, S., *Study regarding Management of Learning and Teaching Process*, Management & Marketing, 2016, http://mnmk.ro/documents/2016_02/10.pdf

4. Vocea Cititorului Craiovean, www.facebook.com/Vocea-Cititorului-Craiovean-1036396969828206[8]

---

6. http://www.facebook.com/laurentiumbadea

7. http://www.facebook.com/groups/Cerculdemarketing

8. http://www.facebook.com/Vocea-Cititorului-Craiovean-1036396969828206

DESPRE FINALURI ȘI ÎNCEPUTURI

În ultimii ani de activitate, am văzut destul de multe festivități de absolvire a studiilor de licență și master. Aproape toți studenții au o nostalgie în priviri și chiar o verbalizează, menționând cuvinte ca sfârșit de drum, final, despărțire. Când am terminat eu, nu am avut o festivitate de absolvire (doar un banchet la care nu am luat parte) și, poate, din acest motiv, nu am simțit ca fiind o despărțire. Aveam câțiva prieteni mai apropiați, dar știam că prieteniile reale nu dispar.

Nu știu dacă eram eu sau mai sunt și alții ca mine, dar, privind în urmă la mine, cea de acum 11-12 ani, văd multă confuzie. Eram preocupată cu adevărat să găsesc un loc de muncă și asta cât mai repede.

Vreau să transmit studenților că orice final este un început. Și asta se aplică și în viața voastră după facultate, în viața personală sau profesională. Dacă am învățat ceva, este că totul are un final, finalul are un început și orice problemă are o soluție. Tot ce trebuie să faci este să stai tu cu tine, într-un loc liniștit, să reflectezi și să îți pui întrebările potrivite. Ajută să vorbești și cu cei dragi, dar ei pot să îți dea doar sfaturi. Răspunsul se va afla întotdeauna la tine!

Mă simt onorată de fiecare dată când studenții mă invită la festivitatea de absolvire a ciclului licență și master. Încerc să le transmit faptul că am încredere în ei și în potențialul lor. Uneori este de ajuns să îi arăți/spui cuiva că ai încredere în el/ea pentru ca potenţialul latent al acestei persoane să fie dezvăluit. Nu de puţine ori, am observat o intensificare a eforturilor studenţilor în urma eforturilor făcute de mine pentru a le da încredere. Chiar citeam undeva că s-a realizat un studiu într-o şcoală, unde li s-a comunicat profesorilor că au fost selectaţi dintre cei mai buni, pentru a se ocupa de un grup de elevi merituoşi şi foarte inteligenţi.

La finalul semestrului, directorul i-a chemat pe prefesori să le comunice progresul impresionant al elevilor şi să le spună că aceia erau cei mai slabi copii din şcoală la începutul experimentului. Profesorii, contrariaţi, au spus că ei, prin priceperea lor, au ştiut să ridice până şi nivelul unor copii mai slabi la învăţătură. Directorul i-a surprins, comunicându-le că, de fapt, şi ei erau cei mai slabi profesori din şcoală la începutul acelui experiment, dar rezultatele lor s-au îmbunătăţit considerabil. Morala? De multe ori, a arăta oamenilor că ai încredere în ei poate să declanşeze un val de efecte pozitive şi să trezească potenţialul latent.

Ca profesor sau dascăl, ai obligaţia de a transmite informaţii, cunoştinţe, dar, adesea, acestea se uită destul de repede. Dacă nu am uita, am înnebuni sau nu am mai putea acumula noi informaţii. Uitarea este normală. Ceea ce nu se uită sau se uită mai greu este raportul de încredere şi respect dintre dascăl şi student. Atunci când îi arăţi unui tânăr că ai încredere că poate să facă ceva, ai încredere că este suficient de inteligent şi creativ pentru a finaliza numeroase proiecte sau a lua diverse iniţiative, acesta te va surprinde. Partea frumoasă e că ajutându-i pe cei din jur, ne vom surprinde şi pe noi evoluând la fel de frumos.

Un examen nepromovat nu este un capăt de drum, un final. Nu exagerez când spun că poate deveni un început și poate fi văzut ca o oportunitate din care să învățăm. Când întâlnim în cale un aparent eșec, trebuie să analizăm și să înțelegem condițiile în care s-a întâmplat: poate nu ne-am pregătit suficient de bine, poate am trecut prin niște momente personale deosebite (probleme de sănătate sau în familie, probleme de natură emoțională), poate nu am fost suficient de convingători. Putem privi acest eșec ca fiind o oportunitate de a aprofunda un subiect mai mult sau ca o o provocare.

Cunosc studenți care și-au terminat studiile după 10 ani în care au tot întrerupt, dat restanțe, etc. Deși poate ei nu au o părere prea bună despre asta, eu cred că sunt niște învingători, atâta timp cât au un obiectiv și luptă să îl atingă. Mai bine mai târziu decât niciodată.

Terminarea studiilor de licență și apoi de master poate părea, de asemenea, ca fiind un final: al relației cu școala, în general, cu colegii, cu cadrele didactice. Consider că această relație poate să continue mult mai ușor, acum, ca urmare a tehnologiei și universului online. Îi încurajez pe studenți să participe la tot felul de activități extracurriculare, chiar și după terminare studiilor, pentru că acest lucru le poate oferi numeroase avantaje: posibilitatea de a găsi un loc de muncă, de a încheia parteneriate, de a găsi forță de muncă printre studenți sau absolvenți, de a lega noi prietenii și a le consolida pe cele vechi.

Legat de finaluri sau începuturi, depinde cum privești, majoritatea studenților se tem de examenul de licență sau disertație. Chiar și cei buni au astfel de emoții. Ca să îi încurajez, le spun adesea că ei sunt cei care știu cel mai bine conținutul lucrării (sau așa ar trebui să fie) și niciun cadru didactic din comisie nu are cum s-o știe mai bine. În felul acesta, își mai temperează o parte din teama că nu vor răspunde bine la o întrebare a comisiei.

O altă mare problemă a studenților la finalului unui ciclu de studii este legată de prezentarea pe care trebuie să o facă în fața comisiei. Mă întreabă, adesea, ce să să facă dacă se blochează, dacă pot să citească de pe slide-uri sau trebuie să vorbească liber. Mereu le dau același răspuns: este mai bine să vorbești liber și să alegi acele părți din lucrare care sunt mai relevante pentru ceea ce ai lucrat și la care sunt șanse mai mari să nu te împotmolești. Desigur, dacă ai un moment în care te blochezi și nu te mai poți concentra, este de preferat să începi să te uiți pe slide-uri, decât să te afunzi într-o tăcere prea lungă și prea evidentă.

Legat de absolvire, pot spune că e un moment minunat pe care îl trăiesc studenții. Când am terminat eu, nu se organiza vreo festivitate cu robe în vreo sală impunătoare, nu se premiau șefii de promoție (știu pentru că am terminat cu 10 și am fost, teoretic, șefă de promoție). Deoarece este festivitatea lor, îi încurajez pe cei care își doresc să țină un discurs, să o facă. Dacă părinții lor sunt în sală, să nu le fie rușine să le dea voie să spună câteva cuvinte, dacă doresc. E o mândrie pentru un părinte să fie lângă copiii lui în aceste momente și trebuie apreciați și iubiți cât sunt lângă noi. Am părinți și am învățat lecția de a le spune mai des *Mulțumesc* pentru ceea ce fac pentru mine și de a le asculta mai des poveștile de viață sau amintirile.

Un alt avantaj de a vedea finalul unui ciclu de studiu ca fiind un nou început se referă la legătura cu cadrele didactice. Mereu îmi sfătuiesc studenții să îmi comunice dacă sunt în căutarea unui loc de muncă sau au nevoie de vreo recomandare. Adesea, cadrele didactice păstrează legătura cu diverși angajatori, care le solicită studenți sau absolvenți pentru un anumit post.

Legat de perioada studiilor universitare, știu că sunt mulți tineri care își ia în serios acești ani, vin la cursuri, seminarii, participă la concursuri, olimpiade, fac voluntariat adevărat, dăruind altora, dar mai sunt și din cei care regretă, la finalul unui ciclu de învățământ că nu și-au dat mai mult interesul, că poate au pierdut vremea cu prea multe seri tematice sau alte distracții. Acelora le-aș spune să nu privească înapoi, deoarece regretele nu au niciun sens și nu aduc nimic bun. Ele ne coboară, nu ne înalță.

Niciodată nu e prea târziu! Și chiar cred în acest principiu. Cunosc studenți care au terminat o facultate și, la final, au realizat că își doreau, de fapt, cu totul alt domeniu. Alții realizează după ani în care lucrează în domeniul absolvit și simt că ceva nu e cum trebuie. Tuturor acestor tineri sau mai puțin tineri le spun să nu mai privească în urmă, să asculte gândurile și sentimentele, care le străbat mintea și trupul și să aleagă. Să nu le fie teamă de o schimbare, chiar și de una radicală. Ai făcut economie, dar îți doreai psihologie? Ai făcut teologie, dar voiai management sau marketing? Orice ți-ar trece prin minte, cu siguranță vei fi mai productiv dacă vei lucra în domeniul dorit și nu cel ales de un tu mai tânăr și confuz. Maine va fi tot maine, indiferent ce alegi astăzi, așa că alege să fii fericit!

Simţi că eşti prea în vârstă pentru a face o facultate? Am destulă experienţă didactică încât să ştiu că vârsta nu contează, fiind de multe ori supraevaluat acest criteriu. Am văzut studenţi trecuţi de prima tinereţe, dar mult mai implicaţi în actul educaţional decât colegii lor mai tineri. Contează să vrei şi să îţi doreşti. Desigur că, la o anumită vârstă, e posibil să ai mai multe obligaţii faţă de locul de muncă, faţă de familie, dar ai şi faţă de tine. Conştientizezi că timpul este mai preţios, pe măsură ce trece şi nu îl mai laşi să fugă aşa de uşor.

Cu alte cuvinte, niciodată nu este prea târziu să îţi îndeplineşti visurile. A avea visuri şi a lupta pentru ele ne dă o energie incredibilă. Uneori, ne sabotăm singuri, alteori ne sabotează chiar fiinţele dragi nouă şi nu pentru că nu ne-ar vrea binele, ci pentru că nu ne înţeleg. Mă refer aici atât la tinerii care dau la facultate sau la o anumită facultate sub presiunea familiei, dar şi la cei trecuţi de prima tinereţe, care ar vrea să urmeze studii superioare, dar se tem de ce ar spune familia, prietenii, colegii.

Facultatea nu trebuie privită ca un punct final al studiilor, deşi mulţi consideră că, îndată ce ai absolvit, totul se termină aici. S-a dovedit că învăţarea a ceva nou în fiecare zi, deci învăţarea pe tot parcursul vieţii, are numeroase beneficii asupra sănătăţii, încetinind procesul de îmbătrânire şi pierdere a funcţiilor cognitive. Pentru cei care nu vor să mai facă o facultate, aceştia au posibilitatea extinderii cunoştinţelor urmând un curs online gratuit pe platformele de genul Coursera. Desigur, trebuie să ştii o limbă străină, de preferat engleza.

Foarte mulţi oameni cred că e prea târziu pentru ei să înveţe o limbă străină. Şi atunci când aud asta, îi întreb: *Prea târziu pentru ce?* Fie că înveți să faci ceva nou, fie că nu, peste un an, doi, tot vârsta aceea o vei avea. Mulți oameni pierd minute, ore, zile, săptămâni, luni, ani, fără să facă nimic pentru atingerea visurilor lor.

Îmi îndemn mereu studenții să se gândească ce vor în viață și să lupte pentru acel ceva, integrând și experiența anilor de facultate în această aventură, dar nu oricum. Facultatea trebuie privită ca o etapă, care trebuie trăită din plin. Este ușor să dăm vina pe un sistem că lucrurile nu sunt așa cum am vrea să fie și mă refer aici și la cadrele didactice, și la studenți. Cu toții avem responsabilitatea a ceea ce trăim. Împreună, putem face ca un curs monoton să devină unul dinamic și plin de viață.

Închei acest capitol îndemnându-vă să nu puneți etichete de genul *final, început, prea târziu, prea devreme, nu are sens, sunt prea bătrân/ă, sunt prea tânăr/ă*, deoarece etichetele nu aduc nimic bun în viața noastră. Aceasta trebuie privită ca o aventură, iar fiecare zi trebuie să îți aducă bucuria conturării unui nou *tu*, mai energic, mai plin de viață, mai pasionat și mai luptător.

ACTIVITĂȚI EXTRACURRICULARE

Activitatea mea de la facultate se împarte în activitate de predare, activitate de cercetare și activități extracurriculare, pe bază de voluntariat. În noiembrie 2017, am fost speaker la evenimentul BuzzCamp[1], unde le-am vorbit tinerilor despre dezvoltarea personală și, implicit, și de importanța voluntariatului, iar în 2019, despre integrarea pe piața muncii. Așa am descoperit că îmi place să vorbesc tinerilor și dincolo de cadrul academic, de la catedră.

A fi voluntar nu înseamnă, neapărat, să faci parte dintr-o organizație, deși acest lucru îți aduce numeroase beneficii, inclusiv recunoașterea activității ca experiență profesională. Sunt foarte mulți oameni care fac activități voluntare din pasiune și dragoste pentru comunitate, fără a fi asociați unei organizații.

În mod voluntar, în anul 2015, am lansat două proiecte pentru studenți, dezvoltând numărul activităților extracurriculare în care aceștia ar putea să se implice. Așa cum orice profesor își dorește studenți care să fie mai mult decât simpli studenți, și studenții își doresc cadre didactice mai implicate. Nu oi fi eu Domnul Trandafir, dar fac tot ce pot.

Surprinzător este că, deși am investit timp, bani și energie pentru aceste proiecte, beneficiile au fost extraordinare, atât pentru studenți, cât și pentru mine. Investind în mine și în activitatea mea cu studenții, dincolo de ceea ce scrie în fișa postului, am

---

1. http://buzzcamp.ro/event/craiova/agenda/silvia-puiu/

realizat că mi se întâmplă lucruri extraordinare, pentru care sunt recunoscătoare. Nu exagerez dacă spun că am una dintre cele mai frumoase meserii din lume, pe care nu aș schimba-o pentru niciun un alt loc de muncă, indiferent de beneficiile materiale.

La evenimentele BuzzCamp unde am fost invitată, am primit întrebări ca: *ce mă motivează, dar și ce mă demotivează în activitățile extracurriculare pe care le organizez pentru studenți?* Răspunsul este studenții, la ambele întrebări. Uneori, din motive subiective sau nu, studenții nu sunt atât de receptivi pe cât mi-aș dori și mă întreb dacă are rost să merg mai departe. Și, aproape de fiecare dată, apar studenți care mă întreabă: *dar când se mai ține cercul de marketing? Când apare revista studenților sau când mai este clubul de carte?*

Și, atunci, toate par să aibă un sens. Îmi dau seama cât de importante sunt activitățile extracurriculare pentru tineri sau, așa cum spunea un licean pe care l-am cunoscut la aceste evenimente, *cât de importantă este dezvoltarea personală pentru tineri*. Toate aceste rezultate, mici, dar multe, mă motivează să organizez mai departe aceste evenimente.

Am început capitolul cu activitățile extracurriculare coordonate de mine, dar sunt foarte multe activități la care tinerii pot participa activ: concursuri, olimpiade, internshipuri, activități de promovare a facultății, tabere, școli de vară, etc.

Totul începe cu întrebarea: *De ce să particip?* Și aici vine și rolul cadrelor didactice de a le arăta studenților că toate aceste activități nu au ca scop doar obținerea unui premiu sau un anumit câștig. Dacă ar fi așa, doar 2-3 ar trebui să participe. Nu este vorba nici de a concura cu alții sau doar cu alții, ci, mai mult, de a concura tu cu tine, astfel încât, la final, să simți că ești o versiune mai bună a ta.

Am amintiri frumoase cu studenții mei la concursurile internaționale online la care am participat sau la cele naționale, în deplasare prin țară (București, Târgoviște, Suceava, Sibiu, Rânca). Nu la toate am reușit să luăm premii, dar când mă gândesc la acele concursuri (și sper că și studentele mele), îmi vin în minte mai degrabă timpul petrecut împreună, cele 17 ore pe tren până la Suceava, în care ne-am cunoscut mai bine, plimbările prin oraș ținându-ne de mână, selfie-urile din tren și pe stradă, călătoria cu mașina, o pizza savurată, o vizită la un obiectiv turistic, poveștile de seara din camera de cămin... Toate astea îți rămân in minte și nu mai contează dacă ai venit cu premiu sau nu, deși nu puține au fost ocaziile în care studenții mei s-au remarcat la olimpiadele naționale.

Răspunzând dilemelor ca *De ce să particip? Ce am de câștigat? Sigur nu câștig, sunt unii mai buni*, pot spune cu certitudine că avantajele sunt foarte multe dacă decizi să iei parte la diverse evenimente și activități extracurriculare:

1. vei cunoaște oameni noi - colegi de echipă, alți concurenți - și îți vei face prieteni;

2. vei cunoaște o altă latură a cadrelor didactice, care te pot surprinde în afara cadrului formal al școlii;

3. te vei cunoaște mai bine pe tine: vei afla cum ești tu când ai de pregătit un proiect cu un deadline, cum faci față stresului, dacă lucrezi mai bine individual sau în echipă.

4. îți vei dezvolta abilitățile de public speaking, deoarece, la unele competiții, ai de susținut un proiect în fața unui juriu. Dacă ești mai timid, e bine să încerci să îți depășești bariera și cu timpul vei realiza acest lucru. Dacă nu ai probleme cu prezentarea în fața unui public mai numeros, va trebui să găsești echilibrul între încrederea în tine și modestie. Am văzut multe cazuri în care oamenii prea încrezători par aroganți și au de pierdut la un concurs sau un interviu. Nu spun să fii modest în sensul de a nu arăta ceea ce poți, dar fă-o cu respect pentru juriu, fără a exagera calitățile personale. Susține-ți punctul de vedere dar ascultă sfaturile, criticile, fie că sunt constructive sau nu, fie că ești de acord sau nu cu ele.

5. vei descoperi noi oportunități. Din experiența mea, am observat că lucrurile bune se țin lanț. Să îți dau un exemplu: ai fost la concursul acela la care nu ai prea vrut să mergi, dar te-a bătut la cap un prof sau un coleg? În cele din urmă te duci acolo, te împrietenești cu mai multe persoane și afli că cineva lucrează la un proiect sau că vrea să deschidă o afacere sau un ONG... Ce coincidență! Asta îți doreai și tu. Acesta este doar un exemplu. Ceea ce vreau să vă spun este că, adesea, lucrurile se așează așa cum vrem noi nu pentru că ar fi ceva magic la mijloc (deși așa pare), ci pentru că oamenii deosebiți au obiceiul să se învârtă prin aceleași locuri. Data viitoare nu mai sta pe gânduri și ieși din zona de confort. Vei fi uimit de ce se va întâmpla.

6. ieșind din zona ta de confort, îți forțezi limitele și te dezvolți, descoperind despre tine lucruri de care habar nu aveai. Specialiștii spun că atunci când învățăm lucruri noi, se dezvoltă noi conexiuni neuronale ceea ce previne bolile degenerative, demența, etc. Ieșind din zona de confort, spulberi preconcepțiile.

Cu toții avem niște idei despre cum suntem: că suntem buni organizatori sau nu, că vorbim bine în public sau nu și așa mai departe.

Eu eram convinsă până acum patru ani că sunt un dezastru în ceea ce privește organizarea. În 2015, am început să spun DA provocărilor, multe inițiate de căpșorul meu. Nu mă interesa *nu*-ul altora, ci dorința mea de a duce la bun sfârșit un proiect.

Două sfaturi am pentru tine: dacă îți dorești mult ceva, nu mai sta pe gânduri și luptă pentru acel ceva și nu te lăsa copleșit de negativismul altora!

Am întâlnit oameni care, dintr-un motiv sau altul, mi-au spus că proiectele mele se vor încheia, că nu are sens, etc. Am văzut, însă, că dacă tu crezi în proiectele tale, lucrurile se vor alinia în favoarea ta: vei descoperi că ai calități nebănuite și vei întâlni oamenii potriviți.

Așa a luat naștere, în aprilie 2015, Cercul de Marketing. Mi-a venit spontan ideea, nu am stat pe gânduri și am organizat prima ediție deși nu mai făcusem așa ceva niciodată, nu știam dacă voi fi susținută, ce voi face, cum voi face sau dacă nu e mai bine să amân, deoarece urma să plec cu o bursă post-doctorală la Milano în luna mai.

Ce înseamnă asta? Înseamnă că, uneori, e bine să te oprești din analizarea excesivă a lucrurilor și să iei decizia de a face ceva important. După ce ai luat o decizie, te poți așeza undeva și să o iei pas cu pas. Surprinzător, vei vedea că lucrurile se aranjează în favoarea ta.

De exemplu, Cercul de Marketing a fost inițial creat pentru studenții de la specializarea Marketing, dar, ulterior, au venit studenți și absolvenți și de la alte facultăți, elevi sau chiar persoane care nu au fost niciodată la facultate. Ideea cercului a fost ca tinerii să se reunească într-un cadru mai puțin oficial și să socializeze pe diverse teme de marketing, management, dezvoltare durabilă, antreprenoriat, dezvoltare personală.

De-a lungul timpului, studenții au avut ocazia să fie speakeri în cadrul acestui cerc, pe diverse teme și să dezbată împreună cu cei din sală. Au învățat, astfel, să vorbească mai ușor în public, fără emoții sau cu emoții diminuate, au învățat să argumenteze și să conducă o dezbatere, să nu mai aibă trac în fața întrebărilor primite.

Totodată, acest cerc a susținut studenții participanți și câștigători la diverse concursuri, a reprezentat o pepinieră de idei și a adus în atenția studenților oportunități în premieră. Mi-am făcut obiceiul de a colecta oportunități, de la concursuri la burse și oferte de angajare. Cred că cel mai important avantaj al celor care au venit la acest cerc îl reprezintă relația creată cu oameni care au aceleași preocupări și interese.

Tinerii implicați au primit diplome oferite de Laurențiu Badea – Scriitor și Graphic Designer[2], dar și mici premii (cărți, DVD-uri) și mesaje personalizate din partea mea. Fiecare ediție are și o tombolă a invitaților. Știu că premiile nu sunt mari, dar sunt oferite din suflet. Dintre bucuriile acestor întâlniri, menționez studente (Cristina Z., dna Carmen Rodica N.) care au adus bomboane de ciocolată celorlați invitați fără niciun motiv

---

2. https://www.facebook.com/laurentiumbadea/

special, dar și o altă studentă (Bianca I.) care i-a îndulcit pe invitați cu produse pregătite de ea. Altădată, studenții s-au mobilizat atât de repede și au strâns jucării, dulciuri și cărți pentru copii, care au fost donate de 1 Iunie sau de Moș Crăciun diverselor ONG-uri locale, pentru a face o bucurie copiilor nevoiași.

Au fost ediții în care am avut invitați absolvenți antreprenori, printre care și Ciprian Ogarcă (MasterChef România) – fondatorul Pizzeriei Praz Vegas, Alexandra și Cristian Voinicu (Inkprim, Alexandra Voinicu Fotograf), Elena Poteleanu (Stickero), fosta mea colegă de facultate. Sunt recunoscătoare că au venit la cerc și au împărtășit din experiența lor celorlați studenți ai facultății.

În toate aceste ediții din perioada 2015-2019, au venit și studenți implicați în diverse ONG-uri ca voluntari sau coordonatori de voluntari (JCI, Salvați Copiii). La una dintre ediții, am avut invitat un student care a efectuat un număr de magie (Mario Popescu), impresionând audiența. Să reușești la 18-19 ani să îți faci o afacere în acest domeniu este extraordinar.

La ultima ediție din anul 2017, am avut invitată o tânără care, de asemenea, și-a transformat pasiunea și talentul într-o formă de antreprenoriat: Arta Pănușii - Corina Matei. Mi-a plăcut foarte mult ceva din ceea ce a spus această tânără: oamenii întâlniți la diverse târguri i-au povestit despre alte evenimente, apoi, acolo, a întâlnit alți oameni și tot așa. E ceva în care și eu cred. Evenimentele la care participi creează o înșiruire de situații favorabile, iar oamenii sunt una dintre cele mai bune surse de inspirație dacă ești deschis. Pe mine, Corina m-a impresionat cu adevărat. Face niște păpuși extraordinare din foi de porumb, meșteșug care merită promovat mai bine în exterior. Mi-a plăcut atât de mult o păpușă - ornament de Crăciun, încât am luat și eu una să o pun în brad.

Astfel de activități extracurriculare îi ajută pe studenții participanți să aibă mai multă încredere în ei, în visurile și pasiunile lor. Își fac prieteni, socializează, învață să argumenteze mai bine, să își susțină punctul de vedere, află de alte oportunități, așa cum zicea și Corina Matei.

Dacă stăteam prea mult să reflectez ce voi face la aceste cercuri și cum voi găsi de fiecare dată teme interesante de dezbatere, probabil aș fi renunțat. Îmi pare bine că, acum, la momentul la care scriu aceste rânduri, am ajuns la douăzeci și patru de ediții în 5 ani. Numărul participanților diferă de la o ediție la alta, dar chiar și edițiile cu 7 participanți au farmecul lor, deoarece se grupează în jurul unor oameni pe care te poți baza. Cu mulți dintre acești tineri am devenit prietenă și sper să punem și bazele unui ONG împreună (interesant că, la momentul scrierii acestei dorințe, în 2017, nu aveam ONG-ul. Acesta a luat naștere în 2018).

Este important să îți transpui visurile în realitate, să faci planuri, să îți stabilești niște deadline-uri, să faci PRIMUL pas. Acesta este cel mai important deoarece atrage după sine și alți pași. De câte ori nu ți-ai spus că e prea greu, prea mult, prea obositor? Un pas nu poate fi așa de complicat, așa că nu mai sta! Începe acum ... ca atunci când ai fost doar un bebeluș în explorarea necunoscutului.

Un alt proiect lansat în 2015, după cele două luni petrecute la universitatea mileneză, este revista online – Cronica Studentului FEAA Craiova. Ca și Cercul de Marketing, această revistă a fost concepută pentru studenții FEAA Craiova. Ulterior, am avut colaboratori elevi, absolvenți, studenți de la alte facultăți din țară, chiar și de la alt profil decât cel economic. Deoarece mi-a plăcut întotdeauna să scriu, am considerat că studenții au nevoie de un mijloc prin care să se exprime mai bine.

Ideea mi-a venit în august 2015 când mă gândeam: *Ce să mai fac pentru studenții mei?* Îmi puneam această întrebare după doar o ediție a Cercului de Marketing, nu știam ce presupune o revistă, cum vom face, dacă va scrie cineva, dacă va citi cineva, unde să o postăm, ce număr minim sau maxim de pagini să aibă un articol sau întreaga revistă. Nu m-am gândit prea mult, nu am ascultat vocile negativiste din jur și am lansat provocarea studenților.

A fost un succes: mulți colaboratori (13), mulți cititori, un număr mare de pagini (65) și de articole (14). Am avut un interviu cu o absolventă devenită antreprenoare – Elena Poteleanu de la Stickero, fosta mea colegă de facultate, căreia îi doresc mult succes!

În primul rând, succesul se datorează articolelor, dar un rol extraordinar de important îl are Laurențiu Badea – scriitor și graphic designer. Laurențiu scrie niște povești extraordinare. Toate sunt și în limba română și în limba engleză, câteva dintre ele fiind gratuite. Le găsiți linkurile în referințele acestui capitol.

Dacă nu era el și talentul lui de grafician, precum și disponibilitatea lui de a ajuta în mod voluntar, studenții nu s-ar fi bucurat de o revistă editată profesionist și nici de diplomele frumos colorate. Aici, tot meritul îi revine lui Laurențiu, care, în fiecare lună, își dedică aproximativ 5 zile revistei și diplomelor. Pe lângă bucuria adusă studenților și mie, aceste diplome au servit multor studenți la crearea dosarului pentru obținerea unei burse speciale sau de performanță.

Îmi aduc aminte că, în anul 2016, l-am întâlnit pe directorul magazinului Auchan Craiova – dl Cristi Anghel – la deschiderea Drogheriei Auchan. M-am gândit că studenții mei s-ar bucura să vadă un interviu și cu un manager local, mai ales că m-a impresionat apropierea dlui Anghel față de echipa dlui. Deși a părut ceva ireal la început, mi-am zis că mai rău decât să mă refuze nu poate fi. Am fost plăcut surprinsă să primesc interviul (varianta scrisă) pentru revistă.

Morala ar fi: dacă ai o idee, pune-o în aplicare! S-ar putea să rezulte niște chestii foarte interesante din acea idee. Este un îndemn pentru studenți, precum și pentru orice persoană care vrea să fie extraordinară.

Și aici îmi vin în minte cuvinte precum succes, măreție, extraordinar. Discutam cu studenții în cadrul clubului de carte despre ce înseamnă succesul. Din punctul meu de vedere, să ai succes înseamnă să fii, în fiecare zi, o versiune mai bună a ta, comparativ cu ziua precedentă. O altă definiție dată de studenta mea, Mădălina D., viza liniștea pe care o simți atunci când pui capul pe pernă în fiecare noapte.

A avea bani este o mică parte a succesului. Ce faci cu banii și care este impactul tău în comunitate vor face diferența. Vei rămâne un om cu bani sau un om măreț care și-a pus amprenta în societate? Ce îți dorești: măreție sau succes? În primul rând, trebuie să îți stabilești propria definiție a succesului și să acționezi în spiritul ei.

Al treilea proiect pe care l-am inițiat pentru studenți a fost Vocea Cititorului Craiovean – un club de carte care a luat naștere în mai 2017. Inițial, a fost un club destinat studenților de la FEAA Craiova, ulterior am lărgit publicul la orice persoană doritoare. Majoritatea edițiilor au avut loc în Craiova, cu o singură excepție când s-a desfășurat la Rânca, în județul Gorj (ediție organizată în două zile, în timpul unei tabere studențești de vară, cu studenți din diferite orașe ale țării și chiar din Republica Moldova). La momentul scrierii acestui capitol, au avut loc nouă ediții. Acesta este un proiect colateral activității mele didactice, deoarece nu se limitează la cărțile din domeniul economic. Plecând din această zonă, am mers către zona de self-help, motivaționale, dezvoltare personală și profesională, povești de succes, beletristică, Yoga și meditație, etc.

Fiecare ediție are o anumită temă. Uneori citim dintr-o singură carte, alteori aduce fiecare o carte și împărtășim idei și gânduri. Îmi place când fiecare aduce altceva, deoarece trecem de la un subiect la altul, ieșim din zona de confort și forțăm mintea să lucreze intens.

Revenind la tema acestui capitol - participarea la activități extracurriculare, se pune întrebarea: de ce să participi la un club de lectură? Cu ce te ajută acest lucru personal și/sau profesional? A citi înseamnă să vezi lucrurile din diferite perspective, iar un club de carte te poate ajuta să interacționezi mai bine cu alte persoane, să îți faci prieteni noi, să fii mai deschis la alte idei, opinii, cărți, uneori din afara zonei tale de confort.

Proiectul *Vocea Cititorului Craiovean* m-a surprins. Am întâlnit persoane noi, studenți ai FEAA și nu numai, care m-au impresionat prin maturitatea cărților citite și a modului în care le abordează. Și, poate cel mai important lucru, am învățat de la acești tineri. Nu îmi este greu să recunosc acest fapt pentru că fiecare dintre noi ar trebui să fim deschiși la oameni noi, idei noi, cărți noi, să ne lărgim orizontul și să ieșim mai des din zona de confort.

În finalul acestui capitol, vă îndemn să participați la tot felul de activități, chiar dacă uneori simțiți că nu e locul vostru acolo sau că nu sunteți suficient de buni pentru acea activitate. Din experiența mea și a miilor de studenți cu care am interacționat, am realizat că e bine să participi la activități cât mai diferite. Tocmai acestea te vor uimi prin noul TU pe care ți-l vor dezvălui.

REFERINȚE

1. Alexandra Voinicu Fotograf, https://www.facebook.com/oops.eroare

2. Arta Pănușii – Corina Matei, https://www.facebook.com/ArtaPanusii.CorinaMatei/

3. Buzz Camp, Speaker Silvia Puiu, http://buzzcamp.ro/event/craiova/agenda/silvia-puiu/

4. Cercul de Marketing, proiect personal, www.facebook.com/groups/Cerculdemarketing[3]

5. Cronica Studentului FEAA Craiova, revistă coordonată de S. Puiu și editată de graficianul și scriitorul L.M. Badea, www.facebook.com/cronicastudentuluiFEAACraiova

6. Laurențiu Badea – Scriitor și Graphic Designer, https://www.facebook.com/laurentiumbadea/

7. Laurențiu Badea, Scânteile Atlantei, Editura Berg, 2019, https://www.libris.ro/scanteile-atlantei-embers-of-atlanta-laurentiu-BER978-606-9036-16-7—p10898617.html[4]

8. Inkprim, http://inkprim.ro/

9. JCI Craiova, http://www.jcicraiova.ro/

---

3. http://www.facebook.com/groups/Cerculdemarketing

4. https://www.libris.ro/scanteile-atlantei-embers-of-atlanta-laurentiu-BER978-606-9036-16-7--p10898617.html

10. Mario Popescu Magic, https://www.facebook.com/MarioPopescuMagic/

11. Praz Vegas, http://www.prazvegas.ro/

12. Salvați Copiii, http://www.salvaticopiii.ro/

13. Stickero, http://www.stickero.ro/

14. Vocea Cititorului Craiovean, www.facebook.com/Vocea-Cititorului-Craiovean-1036396969828206[5]

---

5. http://www.facebook.com/Vocea-Cititorului-Craiovean-1036396969828206

A LUCRA SAU NU?

E o întrebare pe care mulți studenți și-o pun. Foarte mulți aleg să lucreze, din diferite motive: vor independență financiară, nu își pot plăti studiile dacă sunt la taxă, nu se pot descurca financiar doar cu resursele părinților sau aceștia nu își permit să îi ajute. Unii se angajează pentru a-și ajuta familia, alții pentru experiență, alții pentru a avea un CV mai bogat.

Eu nu am lucrat în perioada studiilor de licență. Nu mi-am dorit și nici nu mi-am pus această problemă. Obiectivul meu a fost să dau tot ce e mai bun în facultate, părinții m-au susținut, iar eu am fost un student modest, neavând nevoi financiare foarte mari, cu excepția chiriei, hranei, transportului. În plus, am avut bursa de studiu care m-a ajutat cu micile capricii (în general cărți).

Cu toate acestea, mereu i-am înțeles pe cei care lucrează și am văzut cât de greu le este dacă vor să fie prezenți și la cursuri și seminarii sau alte activități extracurriculare. Sunt astfel de studenți care reușesc să le facă pe toate. Consider că e important să ai bănuții tăi sau să îți faci o anumită experiență, dar nu uita că anii de studenție nu se mai întorc, cel puțin nu aceia. Poți face facultatea la orice vârstă, dar anii de studenție din tinerețe au farmecul lor, având aromă de cafea, nopți pierdute, povești romantice, jocuri video, prieteni, vacanțe cu gașca la munte sau la mare...

Revenind la întrebarea *Să lucrez sau nu pe perioada facultății?*, aș spune că un job full-time are mai multe dezavantaje, deoarece nu îți va permite să beneficiezi de toate avantajele pe care ți le poate oferi facultatea și activitățile extracurriculare. În schimb, un job part-time îți asigură experiență, posibilitatea de a îmbina teoria cu practica, îți oferă o anumită independență financiară și, posibil, și o anumită flexibilitate, care să îți permită să mergi la cursuri fără probleme.

Pentru ca experiența să fie una relevantă, e bine să te angajezi într-un domeniu cât mai apropiat celui în care vrei să îți faci o carieră. În caz contrar, e greu de crezut că un job de ospătar te va ajuta să fii un viitor graphic designer. De asemenea, nu trebuie să te mulțumești cu puțin: aplică la joburi care te interesează, mergi la interviuri pregătit și încrezător, negociază, pune întrebări. Cum spunea Steve Jobs în discursul de la Stanford, *keep looking, don't settle!*

Noile generații sunt mai flexibile, nu mai au mentalitatea de a rămâne la un loc de muncă doar pentru stabilitate, indiferent dacă le place sau nu. Deși nu este neapărat o trăsătură a generațiilor, cât a vremurilor. Trăim într-o lume globalizată, în care putem obține un loc de muncă dând interviu pe Skype, putem lucra din fața calculatorului, în timp ce stăm într-o cafenea sau în parc și așa mai departe.

Flexibilitatea în privința spațiului de lucru și a timpului aferent reprezintă o tendință tot mai importantă pe piața muncii. Din punctul meu de vedere, un loc de muncă bun pe durata studiilor trebuie să îți asigure atât resurse financiare, cât și timp pentru a-ți finaliza studiile.

Din păcate, văd mulți studenți care sunt copleșiți de locul de muncă, se simt obosiți și fără vlagă. Se vede, apoi, în activitatea lor de la facultate: în notele lor, în absențele lor, în lipsa de implicare (involuntară) de la activități curriculare sau extracurriculare. Mai sunt și studenți care încearcă să le facă pe toate, dar, în cele din urmă, realizează că nu mai pot fizic și mental, deoarece oboseala se accentuează.

Ce e de făcut?

Dacă ai nevoie de resurse financiare și trebuie să te angajezi, este în regulă, dar alege un loc de muncă util în viitoarea ta carieră. Pentru a face asta, trebuie să dovedești că ești un student bun, care a asimilat cunoștințe teoretice și practice, s-a implicat în activități extracurriculare, voluntariat, competiții, internship-uri, are referințe bune de la cadre didactice, etc.

Nu te mulțumi cu puțin, caută mai multe locuri de muncă și negociaza-ți salariul. E posibil să fii surprins. Desigur, acest lucru e valabil dacă și cerințele pentru jobul respectiv îți asigură o poziție avantajoasă pe piața muncii. Mai există și varianta freelance, atunci când știi să faci ceva, ai o pasiune și lucrezi doar pentru tine. Te pricepi la grafică, faci obiecte handmade, îți place să fotografiezi? Poți lucra pe site-urile de frelancing sau îți poți deschide chiar un start-up. Depinde doar de ceea ce îți dorești. Dacă ai foarte multă încredere în tine, o pasiune de nezdruncinat, lucrurile se vor aranja, adesea, de la sine.

Eu nu am lucrat în timpul studiilor și nici nu mi-am dorit. Am avut sprijinul părinților, iar singurul lux pe care mi-l permiteam din bursa de merit (așa se numea atunci bursa pentru cei care aveau zece) erau cărțile. Cumpăram cărți, obicei pe care îl păstrez și astăzi, iar în sesiune, între examene, citeam câte un roman. Era modul meu de a mă relaxa.

Sistemul meu era minimizarea cheltuielilor și maximizarea veniturilor (și implicit a rezultatelor școlare). Părinții mă ajutau cu chiria și hrana de acasă, întreținerea, iar pentru micile cheltuieli (cărți, transport, haine, etc.), foloseam bursa care era cam 280 lei pe lună la vremea respectivă, dacă aveai media 10. M-am descurcat bine, dar nu eram pretențioasă nici la haine, mâncare, nu ieșeam în oraș sau să merg în vacanțe. Nu aveam nici măcar televizor, radio, calculator sau internet în apartamentul închiriat. Nu pentru că nu aveam bani, ci pentru că nu îmi doream. Trăiam în cărți, printre cărți... Sună ciudat, poate, dar iubesc și iubeam cărțile. Dragostea pentru ele mi-a fost insuflată de tatăl meu și de sora mamei, care era profesoară de limba română și avea o colecție frumoasă de cărți.

Așa că, răspunsul la întrebarea acestui capitol - *A lucra sau nu?* – nu este universal valabil. Fiecare dintre voi are propriul lui răspuns. Ideea e să îți pui întrebările potrivite. Marilee Adams are o carte intitulată *Change Your Questions, Change Your Life* (Schimbă-ți întrebările, schimbă-ți viața), care te poate ajuta să înțelegi mi bine momentele în care ești într-o dilemă.

Întrebările potrivite pot fi: *De ce vreau să lucrez? Care sunt principalele beneficii pe care le voi avea după angajare? La ce trebuie să renunț? Sunt beneficii pe termen lung? Sunt avantajele mai multe și mai importante decât dezavantajele? Voi putea să fac față și facultății și jobului? Sunt dispus să învăț mai multe despre planificarea timpului, astfel încât să reușesc să fiu eficient și la facultate și la serviciu?*

Răspunsurile ți le poți da doar tu, ceilalți (familia, prietenii, profesorii, cunoștințele) te pot ajuta doar cu opinia lor, cu experiența lor de viață. E util să afli punctul de vedere al cât mai multor persoane, deoarece răspunsul ți se poate arăta mai clar.

Există posibilitatea ca decizia luată să nu fie cea mai bună și să realizezi că ai greșit. Acest lucru trebuie privit ca o experiență de viață din care ai învățat ceva, nu ca o perioadă irosită. Indiferent de locul de muncă ales, indiferent dacă e decizia cea bună sau nu, poți alege să iei partea bună a lucrurilor și să asimilezi anumite lecții de viață.

Ai un șef care te exploatează și nu îi pasă cum te simți? Ai cel puțin două lucruri de învățat de aici: data viitoare nu vei mai accepta orice job (folosesc acest cuvânt în limba engleză pentru că a intrat în limbajul uzual al multor oameni) și nici orice atitudine din partea șefilor sau colegilor și, dacă într-o bună zi, vei fi antreprenor, vei ști că productivitatea muncii angajaților tăi depinde și de motivarea lor. Cu alte cuvinte, un angajat tratat prost nu va da tot ce-i mai bun în el, iar starea lui emoțională îi va afecta modul în care lucrează și ia decizii. Nu suntem roboți, suntem oameni!

Adesea, angajatorii îmi solicită studenți sau absolvenți pentru diverse locuri de muncă. Uneori, studenții îmi cer recomandări pentru anumite joburi. Multe dintre ele se concretizează frumos, ceea ce mă bucură enorm. Îmi iubesc studenții, mai ales pe cei care se implică în activitățile studențești, indiferent de forma în care aleg să o facă.

Sunt mândră de cei care reușesc să îmbine armonios toate aceste activități. Pentru cei care caută un loc de muncă din nevoia sau dorința de a-și rotunji veniturile, este important de știut că există și alte variante curriculare sau extracurriculare ce le-ar permite acest lucru. Menționez câteva dintre ele: bursele de studiu, sociale, de performanță (în funcție de facultate, cea de studiu se poate combina cu cea socială); internshipurile; olimpiade și alte competiții; burse private.

Cunosc studenți care, învățând și aplicând și la diverse burse private, au reușit să depășească salariul minim pe economie. Dacă motivația găsirii unui loc de muncă pe perioada studiilor este dată doar de nevoile financiare, atunci, acest lucru poate fi soluționat și prin studiu.

Este posibil ca tot ceea ce am expus în acest capitol să nu ți se potrivească. Poate vezi lucrurile diferit. Nu înseamnă că unul dintre noi nu are dreptate, ci doar că, pentru a găsi răspunsul corect, trebuie să cauți în tine. Să meditezi (concret sau figurativ) la ceea ce se întâmplă. Citeam undeva că e bine să ne imaginăm diferitele scenarii și să analizăm cum ne-am simți în fiecare dintre acestea. Dacă unul dintre scenarii te face să te simți captiv, ca și cum nu acolo ar fi locul tău, atunci poate chiar nu este pentru tine. Poți aplica acest exercițiu și în alte domenii ale vieții tale: o relație, alegerea unei facultăți, schimbarea orașului, a țării, schimbarea locului de muncă, etc.

REFERINȚE

1. Adams, M., Change Your Questions, Change Your Life: 10 Powerful Tools for Life and Work (Inquiry Institute Library), Berrett - Koehler Publishers, 2009

2. Discursul lui Steve Jobs la Stanford University, https://www.youtube.com/watch?v=HuBUfdoJdTc

VOLUNTARIATUL CA EXPERIENȚĂ PROFESIONALĂ ȘI CALE A DEZVOLTĂRII PERSONALE

Aproape devenită un clișeu, expresia dezvoltare personală prin voluntariat reflectă un adevăr care nu poate fi contestat. Voluntariatul este recunoscut ca experiență profesională în România prin legea nr. 78/2014, dacă activitatea este realizată în domeniul studiilor absolvite.

Eu nu am fost voluntar, în mod oficial, deși cred că a face bine și a da ceva comunității se pot realiza și fără a avea un contract de voluntariat. Cu siguranță ajută să te dezvolți. Am văzut diferența la studenții care se implică în mod activ într-un ONG. Dezvoltă ablități și competențe pe care și le-ar putea dezvolta doar lucrând efectiv. Își fac prieteni, dezvoltă o rețea de cunoștințe, poate chiar capătă gustul muncii în ONG sau își dezvoltă propriile afaceri.

De la momentul în care am început să scriu cartea și până acum, au trecut vreo doi ani, timp în care, am reușit să pun bazele propriului ONG, Asociația Building Hopes[1], alături de două foste studente, acum prietene și colege, Anca Niță și Alexandra Popa. Ambele fete au experiență ca voluntari și asta se vede în abilitățile sociale și profesionale dobândite. Au o etică a muncii extraordinară, disciplină, sunt bine organizate și dispuse să ajute, chiar dacă, acum, au un loc de muncă de 8 ore. După o zi plină, simt că pot continua să muncească pentru micul nostru ONG.

---

1. https://www.facebook.com/asociatiabuildinghopes

Ne bucurăm că avem și noi voluntari, la rândul nostru, pe partea de marketing digital. Efectele se văd, iar fiecare voluntar se remarcă prin modul lui propriu de exprimare. Acest lucru ne bucură și ne onorează. Dacă vreți să știți ce presupune partea de birocrație a înființării unui ONG, vă invităm pe blogul[2] Asociației Building Hopes unde am povestit în detaliu cam toată procedura.

Ca un sfat venit nu din experiența de voluntar, dar din contactul cu mulți studenți voluntari, implică-te în cât mai multe activități de voluntariat. Testează diversele tipuri de activități și descoperă ceea ce îți place. Poate e un ONG în sfera educației, poate a sportului, sănătății sau culturii, încearcă să descoperi care este zona care te face să te simți cel mai bine. Am văzut tineri timizi, care au înflorit după ce au stat într-un ONG. Au devenit mai sociabili, au învățat să aprecieze mai mult ceea ce au, au înțeles mai bine cine sunt și ce vor de la viitorul lor.

Activitatea școlară nu trebuie neglijată. Trebuie să existe un echilibru și am avut studenți care au reușit să le îmbine pe toate: rezultate școlare bune, rezultate la activitățile extracurriculare, activitate de voluntariat, distracție în timpul liber. Unii, mai temerari, au jonglat și cu o altă facultate sau un alt loc de muncă. Se poate, trebuie să îți testezi limitele și să te descoperi. Am întâlnit și voluntarul anonim, dispus să ajute, fără nicio recunoaștere, formală sau informală. Astfel, țin să îi mulțumesc scriitorului și graficianului Laurențiu Badea pentru grafica realizată la cele peste 40 de numere ale revistei Cronica Studentului FEAA Craiov, peste 1500 de pagini de grafică

---

2. https://asociatiabuildinghopes.blogspot.com/2019/01/infiintare-ong-asociatia-building-hopes.html

digitală pe care a ales să le facă voluntar. Dacă aveți nevoie de un grafician atent la detalii, vă recomand să apelați cu încredere la serviciile[3] lui.

În paginile revistei, puteți găsi experiențe trăite de studenți în diferite ONG-uri, în timpul activităților extracurriculare, în timpul facultății sau căutării unui loc de muncă. Cred că experiențele celor din jurul nostru și poveștile lor ne ajută, pe toți, să înțelegem beneficiile implicării în societate. Am avut și studenți care nu au înțeles ce este voluntariatul și de ce ar face ceva în mod gratuit. Probabil tocmai acești tineri au cea mai mare nevoie să se dezvolte personal și să se descopere. Și cred că această conștientizare se poate realiza prin educație, prin contactul cu modele de succes, nu neapărat în termeni financiari, ci în termeni umani.

Până la urmă ceea ce ne dorim cu toții este fericirea, iar aceasta poate fi obținută prin a da, mai mult decât a primi. Într-un ONG, ca voluntar, e mult de muncă, dar satisfacția când vezi că ai contribuit cu ceva la binele comunității este greu de măsurat. Feed-back-ul primit din partea voluntarilor și beneficiarilor noștri, a celor care ne-au sprijinit necondiționat, ne încurajează să continuăm, în ciuda birocrației, uneori, poate, necesare, și pe care o întîlnim și în alte state europene, chiar dacă nouă, românilor, ne place, uneori, să ne victizăm.

---

3. https://www.facebook.com/laurentiumbadea/

REFERINȚE

1. Blogul Asociației Building Hopes, Înfiintarea unui ONG, https://asociatiabuildinghopes.blogspot.com/2019/01/infiintare-ong-asociatia-building-hopes.html

2. Laurențiu Badea – writer and Graphic Designer, https://www.facebook.com/laurentiumbadea/

3. Legea nr. 78/2014 privind reglementarea activității de voluntariat în România, disponibilă la adresa https://lege5.ro/Gratuit/gm4tsojsgi/legea-nr-78-2014-privind-reglementarea-activitatii-de-voluntariat-in-romania

4. Revista Cronica Studentului FEAA Craiova, https://issuu.com/sonicchaos/stacks

UN FEL DE EPILOG

Scrisori către studenții mei se vrea a fi un dialog mental cu studenții mei din prezent, cu cei din trecut sau din viitor. Și nu doar cu ai mei. Am încercat să mă prezint pe mine ca om, deoarece cred cu convingere că actul educațional se poate îmbogăți dacă ne privim ca oameni egali și nu din pielea rolului pe care îl jucăm.

Sper ca acest volum să ajute tinerii să înțeleagă că responsabilitatea actului educațional ne revine amândurora, și mie, cadrului didactic, dar și ție, studentului.

A durat ceva până a termina aceste pagini pentru că viața mereu intervine cu câte ceva. Am crezut că o să termin cartea în 2018, dar am decis să îmi iau permisul de conducere, cu tot stresul care intervine atunci când încerci să înveți ceva nou și nu mai ai 18 ani. Am investit timp în ONG-ul nostru, am scris proiecte pentru tineri și timpul a trecut. Vreau ca aceste rânduri să vadă lumina online-ului pentru milenialul învățat să citească la lumina smartphone-ului și pentru dorința de a proteja mediul.

Mulțumesc pentru sprijin lui Laurențiu Badea, pentru încurajările sale și pentru grafica tuturor cărților mele, de specialitate sau motivaționale. Îi mulțumesc pentru contribuția lui la revista Cronica Studentului FEAA Craiova, pentru sprijinul în activitatea ONG-ului nostru. Este un grafician extraordinar, care, la rândul lui, scrie foarte profund și în stiluri diverse, în funcție de genul abordat. Vă recomand ultima carte apărută în ediție bilingvă la editura Berg, pe care o puteți găsi pe Libris, Cărturești, Cartepedia sau Emag, precum și digital pe magazinele de profil – Scânteile Atlantei/ Embers of Atlanta.

Mulțumesc și studentelor mele care m-au încurajat să public această carte, Anca și Alexa devenindu-mi, astăzi, colege în ONG-ul pe care l-am fondat împreună.

În acest volum, am prezentat o parte importantă din viața mea de student, din trecutul meu. Consider că sinceritatea și modestia m-au apropiat cel mai mult în acești ani de studenții mei.

În încheiere, vreau să vă mulțumesc că mi-ați fost alături în această incursiune epistolară, gândită ca un dialog, nu un monolog și aștept orice feed-back pe pagina mea de Facebook.

Vă doresc să aveți curajul să visați și să construiți aripi cu care să aveți curajul să zburați. Uneori, nu ne dăm seama cât de mult contează un simplu gest sau un simplu cuvânt al nostru pentru cei din jur. Lăsați-vă inspirați de oameni și inspirați la rândul vostru. Dați mai mult decât oferiți și viața vă va surprinde. Și nu uitați: oriunde v-ați afla, fiți floarea cu care se face primăvara!

DESPRE AUTOR

Silvia Puiu este lector universitar doctor la Universitatea din Craiova, Facultatea de Economie și Administrarea Afacerilor, departamentul Management, Marketing și Administrarea Afacerilor. Are o experiență de 11 ani în învățământul economic superior, predă Management, Marketing Public, Managementul Eticii, Scriere creativă și coordonează echipe de studenți la competițiile locale, naționale și internaționale.

Din pasiune și dragoste pentru meseria de dascăl, a lansat în 2015 revista Cronica Studentului FEAA Craiova, care a depășit 40 de ediții, cu ajutorul efortului studenților colaboratori și al graficianului și scriitorului Laurențiu Badea, care se ocupă de editarea revistei. Tot în 2015, a lansat prima ediție a Cercului de Marketing Craiovean, care a ajuns la 24 ediții, devenind un important element al dezvoltării presonale și abilităților de public speaking ale studenților. În luna mai 2017, a lansat clubul de lectură Vocea Cititorului Craiovean. În perioada 2015-2019, a coordonat echipe de studenți la olimpiade și alte concursuri naționale sau internaționale, obținând numeroase premii.

În 2018, și-a unit eforturile cu două foste studente, Alexandra Popa și Anca Niță, cu care a pus bazele Asociației Building Hopes, un ONG axat pe educație nonformală. Suntem motivate de importanța de a da ceva inapoi comunității din care facem parte și de a lucra cu tinerii pentru dezvoltarea lor personală și profesională.

Don't miss out!

Visit the website below and you can sign up to receive emails whenever Silvia Puiu publishes a new book. There's no charge and no obligation.

https://books2read.com/r/B-A-ETLE-AELAB

BOOKS 2 READ

Connecting independent readers to independent writers.

Also by Silvia Puiu

Managementul strategic al activitatii de retail in Romania
Scrisori pentru studenții mei
Fluturi negri

9 7 9 8 2 1 5 3 8 7 7 7 1